Petra Dannemeyer & Ralf Dannemeyer

NLP-Übungsheft für Lehrer

Handlungsstrategien für den schulischen Alltag

Was Schüler für effektives Lernen brauchen: Beziehung, Achtung und Aufmerksamkeit

Ausführliche Informationen zu jedem unserer lieferbaren und geplanten Bücher finden Sie im Internet unter ↗ http://www.junfermann.de. Dort können Sie unseren Newsletter abonnieren und sicherstellen, dass Sie alles Wissenswerte über das Junfermann-Programm regelmäßig und aktuell erfahren. – Und wenn Sie an Geschichten aus dem Verlagsalltag und rund um unser Buch-Programm interessiert sind, besuchen Sie auch unseren Blog: ↗ http://blogweise.junfermann.de.

PETRA DANNEMEYER & RALF DANNEMEYER

NLP-ÜBUNGSHEFT FÜR LEHRER

HANDLUNGSSTRATEGIEN FÜR DEN SCHULISCHEN ALLTAG

Was Schüler für effektives Lernen brauchen:
Beziehung, Achtung und Aufmerksamkeit

Junfermann Verlag
Paderborn
2015

Copyright © Junfermann Verlag, Paderborn 2015
Coverfoto © Prof. Dr. Dr. Jürgen Richter-Gebert (www.science-to-touch.com)
Abbildungen im Buchinneren Christian Berger, http://www.mindreflection.de
Covergestaltung / Reihenentwurf Christian Tschepp

Satz JUNFERMANN Druck & Service, Paderborn

Bibliografische Information der Deutschen Bibliothek

Die Deutsche Bibliothek verzeichnet diese Publikation in der Deutschen Nationalbibliografie; detaillierte bibliografische Daten sind im Internet über http://dnb.ddb.de abrufbar.

ISBN 978-3- 95571-337-9

Inhalt

Vorwort

Das vorliegende Heft ergänzt unser „NLP-Praxisbuch für Lehrer". Es unterstützt Sie darin, die im Buch vorgestellten Handlungsstrategien für den schulischen Alltag praktisch zu erproben. Dafür haben wir 66 Übungen aus klassischen NLP-Ausbildungen für Ihre speziellen Bedürfnisse als Lehrerin und Lehrer oder Angehörige anderer pädagogischer Berufe „umgeschrieben" und einige neu entwickelt.

Die Gliederung ist in den Hauptkategorien identisch mit der im Praxisbuch. Zu Ihrer Orientierung leiten wir jedes Kapitel in diesem Heft mit einer Kurzzusammenfassung des entsprechenden Teils im Praxisbuch ein („Worum geht's?"). So können Sie unabhängig vom Buch oder parallel zur Buchlektüre trainieren. Doch empfehlen wir Ihnen dieses Vorgehen nur, wenn Sie bereits viel Erfahrung mit NLP-Trainings haben und Sie die Zusammenfassung nur als Auffrischung für die Basis-Theorien und Ideen einer Übung brauchen.

Für den Anfänger haben wir unser *perspektiven*-Integrationsprogramm entwickelt. Ab Seite 103 finden Sie unseren didaktisch konzipierten Vorschlag über sieben Übungseinheiten. Diese sind so aufeinander abgestimmt, dass Sie zu verschiedenen Schwerpunkten üben, und am Ende das ganze Programm bearbeitet haben. Wenn Sie dieses – von uns empfohlene – Vorgehen wählen, sollten Sie zuerst das Praxisbuch lesen. Wenn Sie dann praktisch üben, werden Sie gewiss hin und wieder das Bedürfnis verspüren, noch einmal das entsprechende NLP-Konzept oder -Modell im Praxisbuch nachzulesen. Und dieser Wechsel von Üben und methodischer Zuordnung ist genau der gewünschte Effekt, mit dem Sie Ihre neue Kompetenz integrieren. Die Alternative zum *perspektiven*-Integrationsprogramm: Sie arbeiten die Übungen nach der Lektüre des Praxisbuches Kapitel für Kapitel durch. Probieren Sie einfach aus, welche Lernstrategie für Sie die bessere ist.

Während dieses Trainings werden Sie so viele Veränderungsmöglichkeiten entdecken, dass Sie entscheiden müssen, in welcher Reihenfolge und mit welcher Gewichtung Sie diese in Ihrer praktischen Arbeit in der Schule realisieren wollen. Alles auf einmal dürfte Sie überfordern - und auch das System, in dem Sie wirken. Deshalb möchten wir Ihnen zwei Impulse ans Herz legen:

- Während Sie sich und Ihre Sicht auf die Dinge verändern, vollziehen Schülerinnen, Kollegen, Eltern und Schulleitung diesen Prozess nicht ohne Weiteres nach. Seien Sie daher behutsam und geduldig mit den anderen!
- NLP zu lernen bedeutet erfahrungsorientiertes Lernen. Wenn unsere Methoden, Interventionen und Ideen zur Erleichterung des pädagogischen Alltags Sie ansprechen, Sie begeistern, dann sollten Sie dies in einer NLP-Ausbildung speziell für Ihre Berufsgruppe vertiefen. Am Ende dieses Heftes finden Sie Hinweise, wie wir Sie dabei unterstützen können.

Wir wünschen Ihnen viel Freude und viele neue Erkenntnisse mit diesem Übungsbuch.

Herzlich,

Ihre

Petra & Ralf Dannemeyer

P. S.: Im Übungsheft gilt die gleiche Gender-Regelung wie im Buch: Wir wechseln im Text zwischen den Geschlechtern, sprechen also mal von Lehrerinnen, mal von Lehrern oder mal von Schülerinnen, mal von Schülern. Gemeint sind Männer und Frauen, Mädchen und Jungen.

Vier Stufen auf dem Weg des Lernens

Die folgenden Übungen sollen Ihnen viel Freude bereiten. Wir möchten Sie darin unterstützen, gelassen zu lernen und durchzuhalten, auch wenn es mal schwierig wird. Dabei kann Sie das Modell der vier Lernstufen nach Albert Bandura unterstützen. Es dürfte Ihnen als Lehrer bestens vertraut sein – wenn es um Ihre Schüler geht. Doch es gilt auch für Sie. Eine wirklich wichtige Veränderung im Leben oder im Können eines Menschen folgt vier Stufen:

1. **Unbewusste Inkompetenz.** Auf dieser Stufe sind Sie noch ahnungslos. Das ist zunächst mal kein Problem für Sie, denn Sie wissen nicht, dass Sie zu einem bestimmten Thema oder Fachgebiet nichts wissen. Sie spüren also keinen Veränderungsdruck.
2. Erst die **bewusste Inkompetenz** löst unter Umständen einen Veränderungswunsch aus. Jetzt wissen Sie, dass Sie zu einem bestimmten Thema nichts wissen, und möchten vielleicht Kompetenz erwerben. Die bewusste Inkompetenz in Verbindung mit dem Veränderungswunsch ist die Bedingung für Lernen.
3. Bereits mit dem ersten Lernen beginnt die **bewusste Kompetenz.** Sie erwerben bestimmte Kenntnisse oder Fertigkeiten, wenden sie auch schon an und wissen, dass Sie etwas können Doch das wirkt noch etwas unbeholfen und gestelzt. Denken Sie an einen Fahrschüler – worauf muss der sich *bewusst* konzentrieren? Die Spiegel einstellen, den Motor starten, korrekt mit dem rechten Fuß zwischen Gaspedal, Kupplung und Bremse wechseln, mit den Händen steuern, den Blinker setzen und den Kupplungsschalter bedienen, dabei den Blick auf die Straße (und nicht auf die Hände) halten und den Kopf bei Spurwechsel und Abbiegen drehen, die Verkehrsschilder und Straßenmarkierungen verstehen und auf die, sich in jeder Sekunde ändernde Verkehrssituation richtig reagieren. Und das alles simultan – puh, so viel Komplexität! Dass der Anfänger sich darauf noch konzentrieren muss, unterscheidet ihn vom Profi.
4. Der verfügt über **unbewusste Kompetenz**: Autofahren funktioniert nun automatisch, der Fahrer macht alles richtig, ohne in irgendeiner Weise darüber nachzudenken. Nur in besonderen Situationen (ein Ball rollt ihm vors Fahrzeug, ein Martinshorn ertönt) aktiviert er seine bewusste Aufmerksamkeit, um adäquat reagieren zu können. Der unbewusst kompetente Mensch handelt intuitiv, schnell und anstrengungsfrei. Im richtigen Moment jedoch, wenn etwas Ungewohntes geschieht, schaltet er zurück auf Konzentration – auf bewusste Kompetenz.

Haben Sie zu einem bestimmten Thema die Stufe 4 – unbewusste Kompetenz – erreicht, können Sie Energie für Neues freisetzen. Neues kann sich nur integrieren, wenn zunächst wieder der Weg von der bewussten Inkompetenz zur unbewussten Kompetenz eingeschlagen wird.

Wir schlagen gleich die Brücke zum Lernen mit diesem Übungsheft – doch zunächst möge Ihnen dieses Modell helfen, Ihre Schüler ein Stück besser zu verstehen: Die lernen jeden Tag etwas Neues. Ihnen sollte bewusst sein, dass sie ständig und in verschiedenen Fächern zwischen unbewusster Inkompetenz, bewusster Inkompetenz und bewusster Kompetenz hin- und herjonglieren. Aufgrund des Lerntempos reicht die Zeit zum Üben selten, um die sichere Zielphase 4 zu erreichen.

Stellen Sie sich vor, Sie müssten täglich mehrfach zu verschiedenen Themen aus bewusster Inkompetenz bewusste Kompetenz entwickeln. Ihre Schüler müssen das tagaus, tagein – nicht nur bei den Fachthemen, sondern auch bei den Lebensthemen, die eine Entwicklung vom Kind zum Erwachsenen so mit sich bringt. Das ist verdammt anstrengend! Und allein, dass Sie sich dessen bewusst sind, wird Ihnen mehr Toleranz, Nachsicht und Großzügigkeit ermöglichen. Ihre Schüler haben das verdient!

Und nun zu Ihrem Veränderungsprozess: Gute Kommunikation, der Aufbau einer stabilen, tragfähigen Beziehung zwischen Lehrerin und Schülern, überzeugendes Lehrerinnen-Charisma, ein gutes Selbstmanagement sowie der souveräne Umgang mit schwierigen Alltagssituationen sind die Schlüssel für Erfolg, Gesundheit und Glück im Lehrerberuf. Wenn Sie die dafür zur Verfügung stehende Methodik aus dem NLP und unserem Praxisbuch erlernen möchten, müssen Sie – wie Ihre Schüler – üben, üben, üben. Und den mitunter anstrengenden Weg von der unbewussten Inkompetenz zur unbewussten Kompetenz gehen. In der Phase der bewussten Kompetenz, wenn die Anwendung des Neuen noch anstrengend ist, ungeschickt aussehen kann und vielleicht nicht auf Anhieb gelingt, kommt es oft zu Widerstand und Ablehnung, vielleicht zum Abbruch. Jetzt gilt es, durchzuhalten!

Wenn Ihnen das allein schwerfällt, sollten Sie sich Übungspartner suchen. Der wichtigste Vorzug dieser Art des Lernens: Sie und Ihre Mitstreiter können einander beständig begleiten, zu jedem wichtigen Lernfortschritt Feedback schenken und supervidieren.

1. | Rapport – die Resonanz in der Klasse

Worum geht's?

Mit dem Begriff Rapport wird im NLP eine intensive Verbindung zwischen Menschen bezeichnet, die das Erleben von Zugehörigkeit ermöglicht. Das erhöht die Bereitschaft von Schülern, sich auf Lern- und Veränderungsprozesse einzulassen.

Wenn Menschen einander mögen, schwingen sie miteinander; sie gehen auf einer unbewussten Ebene in Rapport. Sie können Rapport auch bewusst herstellen, wenn er sich nicht von allein einstellt. Die Methodik dafür besteht darin, sich der Schülerin anzugleichen, sie zu „spiegeln". Das geschieht mit verschiedenen Methoden, die alle voraussetzen, dass Sie sinnesspezifisch wahrnehmen (im Gegensatz zu: den Schüler beurteilen). Im Praxisbuch geben wir Ihnen zahlreiche Impulse für die Führung des Kommunikationsprozesses und damit die Beziehungsgestaltung im Klassenzimmer. Die folgenden Übungen helfen Ihnen, dies zu vertiefen.

1.1 Sich Kalibrieren: Den Schüler wirklich wahrnehmen

Ein 10-jähriger Schüler schaut sich in einer Zoohandlung die Kaninchen an. Die freundliche Verkäuferin legt dem Jungen zart die Hand auf den Kopf und fragt: „Na, möchtest du ein Kaninchen kaufen?"

„Hm", antwortet der Junge.

„Welches gefällt dir denn am besten? Das süße weiße mit den Schlappohren oder das kleine schwarze dort?"

Der Junge sieht der Verkäuferin nachdenklich ins Gesicht. Nach einer Weile des Überlegens sagt er: „Ich glaube, das ist meiner Python ganz egal."

Entsetzt wendet sich die Verkäuferin ab.

Was ist hier los?

Eine Verkäuferin *nimmt wahr,* dass ein Kind die Kaninchen anschaut. Sie *interpretiert,* dass der Junge ein niedliches Haustier sucht. Und sie ist entsetzt, als sie erfährt, dass er lebendiges Futter für seine Schlange sucht.

Reflexion

Welche Gedanken haben Sie bei der Lektüre dieser kleinen Geschichte? Wie bewerten Sie das Motiv des Jungen, wie die Reaktion der Verkäuferin? Schreiben Sie Ihre Gedanken auf, ehe Sie weitermachen.

Erklärung

Sich auf einen Schüler kalibrieren (eine Beobachtung abgleichen, abstimmen, sich feineichen) bedeutet, ihn wirklich wahrzunehmen. Dadurch erst wird es möglich, das Wesen eines Ihnen anvertrauten Kindes oder Jugendlichen zu erkennen und eine tragfähige Beziehung aufzubauen. Interpretationen (im NLP manchmal auch *Halluzinationen* genannt) sind im Schulalltag oft der Nährboden für Missverständnisse und falsche Einschätzungen. Ein Kaninchen als frische Nahrung für eine Python zu kaufen, ist weder gut noch schlecht. Lediglich die Interpretation der Verkäuferin führt zu Problemen!

Wahrnehmungsschulung in diesem Sinne beginnt daher damit, zwischen Gedankenlesen und sinnesspezifischer Wahrnehmung konsequent zu unterscheiden. Was konnten Sie in der obigen Geschichte wahrnehmen? Schreiben Sie auch dies auf und vergleichen Sie mit ihren ersten Aufzeichnungen.

____

____

____

____

Übung 1 – Sinnesspezifische Wahrnehmung (W) oder Interpretation (I)?

Ziel: Interpretation von Wahrnehmung unterscheiden lernen. Diese Fähigkeit nutzen, um Schülerinnen und Schüler wirklich wahrzunehmen.

Übungspartner erforderlich? Nein.

	W	I
1. Der Schüler redet im Unterricht mit seinem Banknachbarn.		
2. Der Schüler stört den Unterricht, indem er redet.		
3. Die Schülerin hat kein Interesse am Fach Mathematik.		
4. Die Schülerin malt Strichmännchen in ihr Heft, während die Lehrerin ihr die Matheaufgaben erklärt.		
5. Der Schüler schaut während der mündlichen Leistungskontrolle zur Decke.		
6. Der Schüler hat nicht gelernt und weiß die Antworten nicht, sonst würde er nicht zur Decke schauen.		
7. Die Schülerin hört mir nicht zu, wenn ich mit ihr rede, sie wendet sich sogar von mir ab.		
8. Die Schülerin neigt, wenn ich ihr etwas sage, den Kopf zur Seite.		
9. Der Schüler ist arrogant.		

	W	I
10. Seine Augenbrauen sind hochgezogen.		
11. Ihre Hände sind kalt und feucht.		
12. Sie hat Angst.		
13. Sie ist eine freundliche Schülerin.		
14. Sie ist eine Anpasserin.		
15. Sie hilft anderen Menschen gern.		
16. In der letzten Woche hat sie mich täglich gefragt, ob sie mir etwas helfen kann.		
17. Die beiden Jungen hassen sich und sind aggressiv zueinander.		
18. Die beiden Jungen ballen die Fäuste, schauen einander in die Augen, haben dabei die Stirn gekraust und reden laut und schnell.		

Lösungen: Um die Wiedergabe einer sinnesspezifischen Wahrnehmung handelt es sich bei den Aussagen 1, 4, 5, 8, 10, 11, 16 und 18. Die Aussagen 2, 3, 6, 7, 9, 12, 13, 14, 15 und 17 sind Interpretationen.

Übung 2 – Den eigenen Interpretationen auf der Spur

Achten Sie eine Woche lang bewusst auf Ihre Aussagen gegenüber Schülern. Wie oft interpretieren Sie das Verhalten oder die Leistung Ihrer Schülerinnen, ohne zuvor genau nachgefragt zu haben? Wie ändert sich Ihre Beziehung zu Schülern, wenn Sie nachfragen statt zu interpretieren? Zum Beispiel:

- „Ich sehe, dass du heute sehr tiefe Augenränder hast. Bist du müde, oder geht es dir nicht gut?"
- „Du hast während der Stunde mehrfach herumgepöbelt. Was ist dein Problem?" (oder) „Was willst du mir damit sagen?"
- „Ich habe euch auf dem Schulhof gesehen. Es sah aus, als hättet ihr Konflikte miteinander. Hab ich das richtig beobachtet?"
- Testen Sie auch Ihre Reaktion auf die Karikaturen in der Übung 4 (Seite 18): Was denken Sie spontan, wenn Sie die Interaktion der beiden Jungen in der Bildmitte sehen?
  „Der Junge rechts hält einen Gegenstand oder einen Umschlag in der Hand, der Junge links greift danach". Das wäre Wahrnehmung. Oder „halluzinierien" Sie? Das klingt dann so: „Da läuft gerade ein Handel" oder „Da werden gerade Spickzettel ausgetauscht".

1.2 Sich Kalibrieren: Wie sieht Rapport aus?

Ziel: Beobachtungskriterien für die Qualität von Beziehungen erwerben und diese Fähigkeit für das Beziehungsmanagement im Klassenzimmer nutzen können. Ihren „Riecher“ für bevorstehende Konfliktsituationen schärfen.

Übungspartner erforderlich? Nein.

Nutzen Sie den folgenden Beobachtungsbogen als Kopiervorlage. Sie brauchen für jede der folgenden Beobachtungsaufgaben ein Exemplar, also mindestens vier Stück:

Merkmal	**Beobachtungen**			
Körperhaltung	**Worauf achten?**	**gleich / ähnlich**	**unterschiedlich**	**Besonderheiten**
	Stellung der Beine			
	Haltung der Arme			
	Haltung des Kopfes			
Blickrichtung	**Blickkontakt**	○ vorwiegend zugewandt	○ vorwiegend abgewandt	
	Besondere Beobachtungen beim Blick			
Gesten	**Worauf achten?**	**gleich / ähnlich**	**unterschiedlich**	**Besonderheiten**
	Hände			
	Arme			
Was hören Sie?	**Worauf achten?**	**gleich / ähnlich**	**unterschiedlich**	**Besonderheiten**
	Stimmlage			
	Lautstärke			
	Sprechgeschwindigkeit			
	Besondere auditive Wahrnehmungen			
Führung	Wer führt? Wer lässt sich führen?*			

* Zum Kriterium „Führung“, im NLP auch *Leading* genannt: Konzentrieren Sie sich bitte bei der Beobachtung der obigen Merkmale, wer in der Kommunikation die meisten Impulse setzt und ob der andere folgt. Folgen bedeutet, sich in Körperhaltung, Blick, Gestik oder Ton anzugleichen. Interessant ist dabei, ob dies wechselseitig geschieht (z. B. kompetenzbezogen) oder ob immerzu einer führt, also dominiert. Das eine spricht für eine gleichwertige Beziehung und gut verteiltes Führen / Führen lassen, das andere für Dominanz.

Übung 3 – Sich kalibrieren im Alltag

Beobachten Sie zunächst zwei Menschen, die in einer ganz normalen Alltagssituation interagieren – zum Beispiel im Bus, im Restaurant, im Park, auf dem Spielplatz, auf dem Sportplatz. Wichtig ist, dass Sie über einen längeren Zeitraum beobachten können – suchen Sie sich also am besten einen ruhigen Platz.

a. Beobachtungsbogen 1: Beobachten Sie zunächst Menschen, die Ihrer Auffassung nach miteinander in Rapport sind (vgl. Abb. 1.1). Woran genau erkennen Sie das?

Abbildung 1.1

b. Beobachtungsbogen 2: Beobachten Sie Menschen in einer eher konfrontativen Interaktion (vgl. Abb. 1.2). Woran erkennen Sie das sinnesspezifisch?

Abbildung 1.2

Übung 4 – Sich kalibrieren auf die Schüler in der Hofpause

Beobachten Sie nun nach den gleichen Kriterien Schülerinnen und Schüler in der Hofpause; Sie können beispielhaft auch die Szenen auf den beiden Karrikaturen zu dieser Aufgabe hinsichtlich des Rapports vergleichen.

a. Beobachtungsbogen 3: Schüler, die positiv miteinander kommunizieren, in freundlicher Interaktion sind (vgl. Abb. 1.3).

Abbildung 1.3

b. Beobachtungsbogen 4: Schüler, die offensichtlich streiten, in konfrontativer Interaktion sind.

Abbildung 1.4

Übung 5 – Sich kalibrieren auf die Klasse im Unterricht

Beobachten Sie nach diesen Kriterien Ihre Klasse im Unterricht. Stellen Sie hierbei besonders fest,
a. welche Schülerinnen und Schüler häufig miteinander im Rapport sind, miteinander schwingen,
b. welche Schülerinnen und Schüler häufig konfliktär miteinander umgehen.

Hinweis: Bei dieser Aufgabe nützen Ihnen die Kriterien des Beobachtungsbogens, doch darin eintragen können Sie die Ergebnisse für die ganze Klasse kaum. Sie können Ihre Beobachtungen jedoch im Rahmen Ihrer Aufzeichnungen für eine systemische Strukturaufstellung Ihrer Klasse auswerten und so zu einem vollständigeren Bild kommen. Wie genau, zeigen wir Ihnen in der Übung 15 auf Seite 24.

Auswertung

Wenn Sie Gleichheit oder Ähnlichkeit (in Körperhaltung, Gestik, Ton) oder einen zugewandten Blick sehen, sind das Hinweise auf guten Rapport zwischen den Kommunikationspartnern. Unterschiede weisen auf eine dissonante Kommunikationsbeziehung hin.

Übung 6 – Destruktiver Rapport: Eine Schlägerei voraussehen

Auch in einer extrem aggressiven Stimmung gehen Menschen unter Umständen miteinander in Rapport. In Western oder Mantel-und Degen-Filmen können Sie diese destruktive Art der Zuwendung gut beobachten, wenn ein Duell bevorsteht. Wer die Zeichen versteht – sich kalibriert – kann eine drohende Schlägerei auf dem Schulhof oft schon von Weitem voraussehen und der Gewalt mit einer Intervention zuvorkommen. Wenn Kinder und Jugendliche einander auf folgende Art spiegeln, brennt bereits die Luft:

- Sie stehen sich gegenüber und fixieren einander mit dem Blick.
- Sie ballen die Fäuste oder verkrampfen die Hände.
- Sie atmen lauter als normal und stoßweise.
- Sie wippen mit den Füßen oder stehen völlig starr voreinander.
- Sie beugen den Oberkörper vor.
- Sie sprechen lauter, höher und schneller; die Stimme wirkt „gepresst“.

Bis jetzt können Sie noch intervenieren. Zum ersten Schlag kommt es oft, wenn einer diese Art von Rapport unterbricht, sei es durch ein Wort, einen Blickwechsel oder eine Bewegung.

Aufgabe: Finden Sie weitere Beobachtungskriterien für drohende Gewalt auf dem Schulhof oder im Klassenzimmer.

Raum für persönliche Notizen:

Übung 7 – Sich kalibrieren: „JA"- oder „NEIN"-Physiognomien lesen können

Ziel: Nonverbale Signale Ihrer Schülerinnen und Schüler wahrnehmen können. Innere Konflikte und Inkongruenzen besser wahrnehmen können, z. B. wenn ein Schüler „JA" sagt und „NEIN" meint.

Übungspartner erforderlich? Ja, jedoch können Sie verdeckt üben, also ohne dass der Übungspartner dies bemerkt.

1. Führen Sie mit einem Schüler ein Gespräch. Bauen Sie dabei immer wieder solche Fragen oder Aussagen ein, die er nur mit „Ja" beantworten bzw. bestätigen kann, zum Beispiel:
   Du bist ein Junge mit 13 Jahren … und
   Du gehst hier zur Schule …
   Du trägst eine Brille … seit wann?

   Wenn Sie genau wissen, dass ein „Ja" richtig ist, können Sie auch Aussagen oder Fragen wie diese formulieren:
   Du hast doch eine Katze zuhause … und
   Du wohnst doch in der südlichen Vorstadt … und
   In Mathe stehst Du jetzt auf zwei … und
   Du hast einen Bruder und zwei Schwestern … und

   Die Punkte stehen für kurze Sprechpausen, in denen Sie sich Zeit nehmen: Achten Sie dabei auf die Hände, die Kopfhaltung, die Mimik. Finden Sie heraus, welche nonverbalen Informationen der Schüler Ihnen immer wieder gibt. Das kann ein leichtes Nicken mit dem Kopf sein, ein kurzer Augenaufschlag … Nehmen Sie die in Sekundenbruchteilen sichtbaren Veränderungen in der Physiognomie wahr.

2. Vergleichen Sie dann: Was tritt, unabhängig vom Inhalt Ihrer Frage oder Aussage, immer wieder auf, wenn der Schüler innerlich „Ja" sagt? Wiederholen Sie Ihre Beobachtungen in weiteren Gesprächen. Mit der Zeit kennen Sie die für diesen Schüler typische „Ja"-Physiognomie.

3. Konzentrieren Sie sich in einem anderen Gespräch auf sein „Nein". Dazu stellen Sie immer wieder solche Fragen oder treffen solche Aussagen, die er nur mit „Nein" beantworten bzw. ablehnen kann, auch wenn sie mitunter absurd klingen, zum Beispiel:
   - Du bist ein Mädchen … und (zu einem Jungen)
   - Du bist 12 … (zu einem 14-Jährigen)
   - Ist es wahr, dass du ein Krokodil als Haustier hast?

   Wenn Sie genau wissen, dass ein „Nein" richtig ist, können Sie auch Aussagen oder Fragen wie diese formulieren:
   - Du willst die 6. Klasse wiederholen, habe ich gehört …?
   - In Deutsch hast du neulich eine fünf geschrieben …?
   - Ist dein Vater Fernfahrer …?

   Beobachten Sie wiederum, welche nonverbalen Informationen der Schüler Ihnen immer wieder gibt. Das kann ein leichtes Kopfschütteln sein, ein kurzes Stirnrunzeln, oder er bewegt einen Finger … Nehmen Sie die in Sekundenbruchteilen sichtbaren Veränderungen in der Physiognomie wahr.

4. Vergleichen Sie dann erneut: Was tritt, unabhängig vom Inhalt Ihrer Frage oder Aussage, immer wieder auf, wenn der Schüler innerlich „Nein" sagt? Wiederholen Sie Ihre Beobachtungen in weiteren Gesprächen. Mit der Zeit kennen Sie die für diesen Schüler typische „Nein"-Physiognomie.

1.3 Rapport bewusst herstellen

Ziele: Entdecken Sie, wie Sie mit anderen Menschen in Resonanz kommen und woran Sie erkennen, ob Rapport vorhanden ist.

Übungspartner erforderlich? Ja: Am besten eine Kollegin, ein guter Freund, ein Familienmitglied.

Übung 8 – Spiegeln von Bewegung, Gestik und Mimik

Zwei Personen – A und B – üben sitzend in zwei Durchgängen, ohne zu sprechen.

1. A bewegt sich, ändert seine Körperhaltung, Bewegung, Gestik, Mimik möglichst oft. Dabei zeigt A auch mal Lachen, Erstaunen, Bestürzung. B spiegelt A's Physiognomie möglichst exakt. Nach zehn Minuten: Wechsel.
2. Setzen Sie Ihre Übung im Laufen – zum Beispiel im Park – auf gleiche Weise fort. Wieder spiegelt jeder ca. zehn Minuten, danach Wechsel.

Abbildung 1.5: Dieser Lehrer spiegelt mit seiner linken Hand die Schülerin, mit seiner rechten Hand den Schüler.

Übung 9 – Spiegeln von Gefühlen

1. Person A denkt sich in eine Situation, in der sie sehr intensive Gefühle hatte. A spricht jedoch nicht vom Inhalt der Situation, und auch nicht, ob es sich um negative oder positive Gefühle handelte. A erlebt die Situation mental nach, als sei sie jetzt, und hält diesen Zustand ungefähr fünf Minuten. B spiegelt A's Physiognomie so exakt, wie es eben geht.
2. Person B berichtet A, was sie während des Spiegelns fühlte. ACHTUNG: „Ich fühlte …" (= Selbstwahrnehmung); nicht: „Du musst gefühlt haben …" (= Interpretation). Danach Wechsel.

Übung 10 – Spiegeln des Atemrhythmus

Eine anspruchsvolle Art des Spiegelns, die vor allem in therapeutischen Kontexten Anwendung findet. In Ihrer Schulpraxis ist sie gut geeignet für das Einzelgespräch in einer Problemsituation – zum Beispiel, um einen verzweifelten Schüler oder eine ratsuchende Mutter in einen ressourcevollen Zustand zu führen. Sie beobachten dabei die Bewegungen des Brustkorbes und gleichen Ihr Atem- und / oder Sprechtempo an. Dazu zwei Übungen:

1. B spiegelt die Atmung von A, indem er seinen Atem angleicht. Wechsel nach einigen Minuten.
2. B kalibriert sich auf die Atmung von A. Dann beginnt er, etwa fünf Minuten lang zu erzählen. Dabei spricht er nur, wenn B ausatmet. Wenn A einatmet, schweigt B.

Übung 11 – Überkreuz spiegeln

Dies ist die subtilste Art des Pacens: Sie machen, oberflächlich betrachtet, etwas anderes als der Schüler, doch bei genauem Hinsehen das Gleiche. Diese Übung können Sie im Unterricht durchführen, ohne dass ein Schüler merkt, was Sie tun. Nutzen Sie eine Gelegenheit, bei der Sie die Schülerinnen beobachten können, jedoch nicht reden oder agieren müssen (z. B. während eines Tests oder eines Referats):

a. Schauen Sie einen Schüler an und kalibrieren Sie sich auf Körperhaltung, Sprechtempo und Gestik. Nicken Sie in seinem Sprechtempo ganz subtil mit dem Kopf.
b. Bewegen Sie Ihren Fuß oder Ihren kleinen Finger im Sprechtempo einer anderen Schülerin.
c. Wenn der Schüler die Beine übereinander geschlagen hat, verschränken Sie Ihre Arme vor der Brust.
d. Klopft eine Schülerin rhythmisch mit dem Schreiber auf die Tischplatte, wippen Sie im gleichen Rhythmus mit dem Fuß.
e. Bei Punkt a bis Punkt d schauen Sie einen anderen Schüler an und spiegeln auch diesen, z. B. die Arm- oder Handhaltung.

Beobachten Sie dabei, ob und wie die Schüler darauf reagieren.

Übung 12 – Spiegeln der Repräsentationssysteme

Diese wohl wichtigste Methode des sprachlichen Pacens setzt Kenntnisse der Repräsentationssysteme voraus. Diese werden im Praxisbuch in Kapitel 4 („Die Macht der Sprache") vermittelt; Übungen dazu finden Sie in diesem Begleitheft ab Seite 44. Sie können sich darauf hier schon vorbereiten: Nehmen Sie die Tabelle auf Seite 43 zur Hilfe und untersuchen Sie Texte oder ein Referat einiger Schülerinnen hinsichtlich der Frage, welche Hinweise für die sinnesspezifische Sprache der Betreffenden Sie bereits heraushören bzw. entdecken können.

Übung 13 – Spiegeln typischer Sprachmuster

Eine weitere gute Möglichkeit sprachlichen Pacens: Sie übernehmen typische Aussagen und Worte eines Schülers. Dazu merken Sie sich Aussagen und Formulierungen, die Ihnen bei der betreffenden Schülerin immer wieder auffallen – und wiederholen diese in einem anderen Kontext zu einem anderen Zeitpunkt. Dies wirkt nur, wenn Sie exakt die gleiche Formulierung nutzen. Achten Sie darauf, ob Sie damit bei der Schülerin eine Reaktion bewirken, z. B. besondere Aufmerksamkeit, ein Lächeln, ein Nicken.

1.4 Systemische Strukturaufstellung Ihrer Klasse

Übung 14 – Beziehungsqualität zwischen Lehrer und Schülern ermitteln

Ziele: Ermitteln der Beziehungsqualität (des Rapports) zwischen Lehrerin und Schülern. Einleiten von Veränderungen. Erlernen einer Methode zur Team- / Beziehungsentwicklung im Klassenzimmer.

Übungspartner erforderlich? Nein

a. **Bestandsaufnahme**

Stellen Sie Ihre Klasse modellhaft auf. Dazu nehmen Sie Moderationskarten als Stellvertreter für jeden Schüler Ihrer Klasse und schreiben den Namen darauf[1]. Kennzeichnen Sie durch unterschiedliche Verbindungslinien zwischen sich und dem Betreffenden:

- Schüler und Schülerinnen, zu denen Sie eine gute Beziehung haben,
- Schülerinnen und Schüler, zu denen sie eine problematische Beziehung haben,
- schließlich diejenigen, zu denen Sie eine „neutrale" Beziehung unterhalten, falls es diese gibt.

Wie genau merken Sie die Qualität der Beziehung? Wie hat der Schüler, wie haben Sie die Resonanz oder Dissonanz hergestellt? Seien Sie sicher: Weder eine gute noch eine schlechte Beziehung fällt vom Himmel. Es sind immer mindestens zwei Beteiligte da, die etwas tun oder unterlassen. Wie lange ist diese Qualität bereits stabil? Unter welchen Bedingungen genau „kippt" die Resonanz? Gab es Ausnahmen bei resonanten Beziehungen und was waren die Bedingungen dafür? Gab es Ausnahmen bei dissonanten Beziehungen und was waren die Bedingungen dafür?

Bewahren Sie Ihre systemische Aufstellung unbedingt auf und ergänzen sie bei jeder neuen Erkenntnis.

---

1 Hierfür gut geeignet sind die sogenannten „ModPeople". Das sind in der Form menschlicher Körperumrisse zugeschnittene Moderationskarten, die gut zur Visualisierung von Beziehungen in Gruppen und Teams genutzt werden können. Erhältlich hier: www.neuland.com

b. Ziele festlegen
Mit welchen Schülern möchten Sie gern eine gute Beziehung aufbauen? Sie können sich dabei nicht auf alle gleichzeitig in der gleichen Intensität konzentrieren. Deshalb: Stellen Sie eine Reihenfolge auf. Geben Sie dabei den Schülerinnen und Schülern eine hohe Priorität, die in der Klasse den meisten Einfluss haben: denen, die bei Konflikten und Protest die größte Klappe haben – nicht aber denen, die die meisten guten Noten mit nach Hause nehmen. Es geht beim Rapportaufbau nicht um verhaltenstherapeutische Maßnahmen wie Verstärkung oder Disziplinierung, sondern ausschließlich um den Aufbau guter Beziehungen.

c. Strategie / Maßnahmen
In einer Unterrichtsstunde können Sie sich auf zwei bis drei Schüler besonders konzentrieren. Vielleicht schenken Sie in einer Stunde auch nur einem Schüler Ihre *besondere* Aufmerksamkeit – zum Beispiel, weil Sie noch üben und weil Sie Wert darauf legen, auch den Rapport zur ganzen Klasse zu stabilisieren. Wenden Sie die gelernten Möglichkeiten des Pacens jetzt auf Ihre „Zielschüler“ an. Zusätzlich können Sie sie häufiger anschauen, zitieren, ihnen ein Beispiel zuweisen: „Nehmen wir an, du, Peter, hättest 30 Euro Taschengeld im Monat. (Augenzwinkern) Du hast natürlich mehr, stimmt's? Aber das verraten wir jetzt nicht. Also 30 Euro …“ Jetzt könnte eine Rechenoperation folgen.

Testen Sie, was funktioniert. Notieren Sie in Ihrer Strukturaufstellung, was Sie gemacht und welche Resultate Sie erzielt haben. Wenn etwas funktioniert, wiederholen Sie es beim nächsten Mal in ähnlicher Weise, wenn nicht, machen Sie etwas anderes.

Planen Sie, in welcher Reihenfolge Sie vorgehen wollen, sodass Sie in einer definierten Zeit (z. B. einem Monat) mit jeder Schülerin einmal einen besonderen Rapport aufgebaut haben.

Übung 15 – Qualität der Beziehungen unter den Schülern ermitteln

Ziele: Ermitteln der Beziehungsqualität (des Rapports) zwischen den Schülern. Transparentmachen destruktiver Beziehungen. Einleiten von Veränderungen. Erlernen einer Methode zur Team- / Beziehungsentwicklung im Klassenzimmer.

Übungspartner erforderlich? Nein

Sie nutzen wieder die „Stellvertreter“-Karten wie in der vorangegangenen Übung 14 unter Punkt a (Seite 23). Doch Ihr Forschungsinteresse ist diesmal ein anderes.

1. Ihre Fragen
   a. Welche Schülerinnen und Schüler stehen zueinander in guter Beziehung?
   b. Welche Schülerinnen und Schüler stehen zueinander in problematischer Beziehung?
   c. Handelt es sich unter Punkt a um Freundschaften, Partnerschaften oder um Klüngelei, Cliquen, „Banden“?
   d. Gibt es „Feindschaften“, Konkurrenzen, Schüler, die gemieden, ausgegrenzt, gemobbt werden?
2. Vorgehen / Visualisierung
   Zur besseren Visualisierung Ihrer systemischen Strukturaufstellung können Sie Symbole nutzen, mit denen Sie die Stellvertreter-Karten verbinden, zum Beispiel:
   a. Eine durchgezogene Linie mit Smileys für eine gute Beziehung.
   b. Eine gestrichelte Linie mit Blitzpfeilen für eine problematische Beziehung.
   c. Zusammenfügen von Gruppen in Kreisen. Kennzeichnen Sie dabei unterschiedlich, ob es sich Ihrer Meinung nach um Freundschaften oder problematische Kungelrunden oder „Banden“ handelt.
   d. Kennzeichnen Sie Schülerinnen und Schüler besonders, die in irgendeiner Weise gefährdet sind (z. B. durch Mobbing) oder von denen Gefährdungen ausgehen.

3. Welches Bild und welche Erkenntnisse entstehen dabei? Freuen Sie sich über jede resonante Beziehung. Doch schauen Sie bei Beziehungsproblemen genau hin und erstellen Sie einen Plan behutsamer Maßnahmen für eine neue Beziehungsgestaltung.

Übung 16 – Rapport bei Störungen anwenden

Ziel: Bei Störungen im Unterricht souverän intervenieren.

Ausgangspunkt: Dieses Vorgehen wenden Sie an, wenn die Klasse gut mitarbeitet und Sie grundsätzlich guten Rapport haben, eine kleine Gruppe von Schülern sich jedoch dem Unterrichtsgeschehen entzieht und „schwatzt".

Schweigen Sie einen Moment und schauen Sie die Betreffenden an. Oft wirkt schon das. Falls nicht, bauen Sie Rapport auf, indem Sie eine der im Praxisbuch beschriebenen Pacing-Methoden anwenden. Sie gehen auf die Schüler zu und bitten um Ruhe und Mitarbeit, ohne dies jedoch mit Vorwürfen zu mischen; etwa so:

„Ihr unterhaltet Euch? Die Klasse und ich, wir würden uns gern auf den Unterrichtsstoff konzentrieren – und dabei stört euer Gespräch. Auch ihr zwei bekommt nichts mit von dem, was wir hier durchnehmen. Seid doch bitte wieder aufmerksam." Dieses typische Beispiel aus einem Seminar für empathische Kommunikation könnte in der Praxis (Lautstärke in der Klasse, Aufmerksamkeit der Schüler) etwas gestelzt wirken. Deshalb hier die kürzere Alternative: Lächeln, Augenzwinkern, guter Rapport. Dann, ruhig etwas lauter, die Worte: „Hallo, ich brauche noch einen Moment eure Aufmerksamkeit, bleibt doch bitte bei mir."

Was Sie in einem solchen Fall unterlassen sollten: Viele Lehrer ermahnen die Schüler aus der Distanz. Sie bleiben an der Tafel oder dem Lehrertisch stehen und rufen: „Ruhe, ihr zwei!" Wir hörten auch:
- „Schon wieder stört ihr den Unterricht!"
- „Wenn ich rede, ist hier Ruhe!"
- Ein Knall mit dem Zeigestock an die Wandtafel oder auf den Lehrertisch.
- Eine besonders eifrige Pädagogin hatte ein Megaphon eingeführt, durch welches sie „Ruhe" rief.

Bei diesem Vorgehen erscheinen uns zwei Aspekte problematisch: Die Kritik des Lehrers richtet sich an die gesamte Klasse, obwohl nur zwei Schüler gemeint sind. Aufgrund der räumlichen Distanz kommt die Botschaft „anonymisiert" an. Folge: Unter Umständen fühlt sich niemand angesprochen, sein Verhalten zu ändern.

1.5 Rapport bewusst brechen

Ziel: Sich abgrenzen; ein Gespräch beenden, distanzlose Menschen zurückweisen.

Übungspartner erforderlich? Ja.

Übung 17 – Rapport herstellen und wieder beenden

Wiederholen Sie eine beliebige Übung aus „Rapport herstellen" (Seite 21). Nach zwei Minuten des Rapportaufbaus hören Sie mit dem Pacing auf: Kein Nicken mehr, kein Spiegeln, kein Augenkontakt, kein Lächeln – im Gegenteil: Ändern Sie Ihre Körperhaltung und wenden Sie sich langsam ab.

Übung 18 – Dem Redner den Rapport entziehen

A erzählt fünf Minuten lang eine Geschichte. B hört aufmerksam zu und spiegelt A nach einer der erlernten Methoden. Nach etwa drei Minuten bricht B den Rapport abrupt und konsequent. A erzählt dennoch weiter. In den letzten 30 Sekunden kann B den Rapport wieder aufnehmen.

Auswertung:

1. Wie leicht oder schwer fiel es, den Rapport zu brechen?
2. Welche Emotionen löste der Rapportbruch beim anderen aus?
3. Was und wie intensiv müssen Sie dies trainieren, um den Rapport zu brechen bei:
   a. nachhaltig destruktivem Verhalten von Schülern?
   b. Eltern oder Kollegen, die unangemessen in Ihre Freizeit eingreifen (siehe Beispiel der Frau Bertram zu Beginn des Kapitels 6 „Wie steht's um Ihr Selbstmanagement“ im Praxisbuch)?
   c. zeitlich begrenzten Elterngesprächen, wenn Ihr nächster Gesprächspartner bereits wartet?
   d. Wenn Sie einfach mal Ihre Ruhe haben und die Pause genießen möchten?

Übung 19 – Rapport bewusst brechen – im Schulalltag

Folgende Reaktionen im Schulalltag sollten Ihnen leichtfallen. Falls dies noch nicht der Fall ist, üben Sie zuvor mit Kolleginnen oder Freunden:

- Beginnen Sie ein Gespräch mit dem konkreten Hinweis darauf, wie viel Zeit zur Verfügung steht, zum Beispiel im Elterngespräch: „Wir haben jetzt 30 Minuten miteinander Zeit“. Kurz vor Ende dieser halben Stunde schauen Sie plötzlich auf die Uhr, schließen ein Buch oder ein Heft und sagen etwas wie: „Wir müssen zum Ende kommen.“
- Bei Gesprächen in der Pause schauen Sie auf die Uhr und sagen: „Oh, die Hofpause ist in fünf Minuten zu Ende. Ich brauche noch etwas Zeit bis zum Unterricht. Kommen wir also zum Schluss.“
- Während eines Elterngespräches: „Oh, wir reden schon seit 20 Minuten. Für das Elterngespräch sind 15 Minuten vorgesehen. Draußen warten noch die Eltern anderer Schüler. Lassen sie uns daher für das Thema … einen Extratermin vereinbaren.“ Dabei stehen Sie auf, nicken freundlich und gehen schon mal zur Tür.
- Manchmal ist es notwendig, den Rapport abrupt zu brechen, z. B. in Konfliktsituationen, in denen Sie zurzeit keine Lösung sehen oder der Gesprächspartner nicht zu einer kooperativen Lösungssuche bereit ist. Leiten Sie auch diesen Rapportbruch sprachlich ein: „Ich sehe zurzeit keine Lösungsmöglichkeit. Das Gespräch ist für mich jetzt beendet.“ Aufstehen, sich umdrehen und gehen – oder: sich zur Tür bewegen und diese öffnen.
- Während des Unterrichts: Überlegen Sie genau, ob Sie es tun sollen – aber wenn Sie den Rapport brechen wollen, dann konsequent! Das sollten Sie erwägen, wenn alle Ihre Beziehungsangebote abgelehnt werden und ein Schüler Sie offenbar „auf die Rolle“ nehmen will. Nehmen Sie dann aber auch keine destruktiven Rapportangebote an, die gern in Form von Provokationen daherkommen.
- Sie halten einen Rapportbruch emotional leichter durch, wenn Sie aus einem ressourcevollen Zustand heraus handeln, auch wenn um Sie herum eine eher angespannte Stimmung herrscht. Dabei kann Ihnen ein Ressourceanker gute Dienste erweisen (siehe „Übung 22 – Einen klassischen **Selbst-Anker setzen**“, Seite 30).

2. Pawlows Entdeckung nutzen – mit Ankern arbeiten

Worum geht's?

Als Anker bezeichnen wir einen Reiz, der zuverlässig zu einer immer gleichen Reaktion führt. Als mögliche Reaktionen sind ein äußeres Verhalten oder ein inneres Erleben möglich: Vor einer roten Ampel stoppt man sein Fahrzeug. Jemand empfindet Glück, wenn ein bestimmtes Lied aus der Jugendzeit im Radio spielt.

Ankern ist ein Vorgang, bei welchem ein konditionierter Stimulus mit einem Reflex verbunden wird. Wir können durch bestimmte Anker Erlebnisse, die schon lange Zeit zurückliegen, innerlich sofort lebendig werden lassen. In diesem Fall ist ein Anker ein so machtvoller Teil der Erfahrung, dass der Mensch sie innerlich mit allen Sinnen wieder erlebt.

Wir setzen unbewusst ständig Anker bei uns selbst oder bei anderen. Besonders für Lehrer macht es daher Sinn, sich dessen bewusst zu sein. So verhindern Sie, unmotiviert Anker zu setzen, die den Schülern unter Umständen schaden. Das Wissen um die klassische Konditionierung in Verbindung mit der Wirkungsweise von Ankern wird im NLP strategisch und methodisch genutzt. Ziele sind:

1. Vorhandene (aber nicht ohne weiteres zugängliche) Ressourcen bei sich selbst oder beim Gesprächspartner zu mobilisieren, um einen bestimmten Zustand oder ein Ziel leichter zu erreichen.
2. Belastende Anker zu identifizieren und zu „entmachten", d. h. Gedanken und Gefühle in einer Weise zu lenken, dass wir bei belastenden Ankern künftig nicht mehr wie auf „Autopilot" reagieren.

Bedingungen für das Ankern

Fünf Bedingungen müssen erfüllt sein, um erfolgreich einen Anker zu setzen. Ihre Anfangsbuchstaben ergeben zum leichteren Merken das Wort „TIGER".

- Timing – Der Anker soll genau dann gesetzt werden, wenn der erwünschte innere Zustand seinen Höhepunkt erreicht hat.
- Intensität – Der Zustand, der geankert wird, soll zuvor wirklich intensiv erlebt werden. Dabei soll der Klient assoziiert sein (also sehen, hören, fühlen).
- Genauigkeit – Eine spätere Wiederholung („Feuern" des Ankers) ist nur möglich, wenn der gleiche Ort getroffen wird, an dem der Anker installiert wurde.
- Einzigartigkeit: Der Reiz muss einen hohen Grad an Einzigartigkeit haben. Ein Händeschütteln etwa wird bei Begrüßungen immer wieder überlagert und ist daher als Anker ungeeignet.
- Reinheit – Die gewählte Stelle darf nicht „verunreinigt" sein oder werden. Nachdem Sie also einen Ressourceanker gesetzt haben, dürfen Sie die gleiche Stelle nicht im Zusammenhang mit negativen Reizen berühren.

2.1 Vorübungen

Ziel: Eine positive Situation erleben, als ob sie jetzt wahr ist – Vorübung für zielorientiertes Mentaltraining.

Übungspartner erforderlich? Nein, jedoch empfehlenswert: Ein Partner kann helfen, die Suggestionen zu vertiefen, indem er sie spricht.

Übung 20 – Reinheit einer Ankerstelle

Testen Sie die Reinheit einer von Ihnen gewählten Stelle zum Ankern. Dazu berühren Sie sich dort entweder selbst oder lassen sich von einem Übungspartner berühren. Nehmen Sie wahr: Fühlt sich die Berührung gut an, neutral oder unangenehm? Fühlt sich die Stelle gut oder neutral an, ist sie für einen Anker geeignet.

Übung 21 – VAKOG⁺-Assoziation

Timing, Intensität und Einzigartigkeit erleben Sie während einer VAKOG⁺-Assoziation. Die Buchstaben VAKOG stehen für die Sinnesmodalitäten:
V = Visuell (Sehen)
A = Auditiv (Hören)
K = Kinästhetisch (Fühlen)
O = Olfaktorisch (Riechen)
G = Gustatorisch (Schmecken)
Unser „Plus" = Gleichgewicht (vestibulärer Sinn)[2]

„Assoziiert" erleben Sie eine Situation vollständig und mit allen Sinnen. Da wir nur in diesem Zustand der Intensität ankern können, schlagen wir Ihnen vor, zunächst die VAKOG⁺-Assoziation zu üben. Lesen Sie diese Übung bitte zunächst von Anfang bis Ende, ehe Sie beginnen. Sie ist, zugegeben, für den Anfang sehr komplex. Üben Sie mehrfach, möglichst jeden Tag. Unterstützen kann Sie dabei:

- Eine schöne Atmosphäre, z. B. an Ihrem Lieblingsplatz in Ihrer Wohnung, in einem Park, im Wald, am Meer,
- eine meditative Musik,
- ein lieber Mensch mit einer ruhigen Stimme, der Ihnen die Anweisungen vorliest.

1. Wählen Sie einen Zustand, der Ihnen in einer belastenden Situation am besten helfen würde, etwa Ruhe, Kraft, Selbstsicherheit, Leichtigkeit … Für welchen Zustand Sie sich entscheiden, ist ganz individuell. Erinnern Sie sich einfach: „Wenn ich in der Auseinandersetzung mit dem Schüler mehr … gehabt hätte, wäre ich souveräner geblieben." Das ist der Zustand, nach dem wir suchen. Haben Sie ihn? Dann weiter mit 2; sonst weiter mit a.
   a. Hilfsmittel: Wenn Sie den Zustand nicht schnell finden können, nehmen Sie eine Freizeitaktivität zu Hilfe, etwas, das Sie gern tun: Im Garten wirken, Musik hören, ein Lieblingsbild anschauen … Geben Sie dem Gefühl, das sich dabei einstellt, einen aus einem Wort bestehenden Namen, etwa „Ruhe", „Gelassenheit".

2 Der vestibuläre Sinn fand im NLP bislang leider nicht die ihm gebührende Aufmerksamkeit. Doch ist die Erwähnung der Gleichgewichtswahrnehmung in Überlegungen über das Lernen unverzichtbar: Sie sorgt für die räumliche Orientierung, die Körperbalance und die kontrollierte Augen- und Kopfbewegung. Deshalb haben wir dem klassischen VAKOG des NLP den vestibulären Sinn hinzugefügt und nennen dies VAKOG⁺.

2. Wenn Sie den Zustand, den Sie ankern möchten, gefunden haben, fühlen Sie sich ganz hinein. Nehmen Sie sich genug Zeit, damit das Gefühl in Ihnen entstehen kann. Zeigen Sie mit den Händen, wo im Körper Sie den Zustand spüren. Atmen Sie dabei ruhig ein und aus. Fragen Sie sich dabei:
   - Ist das Gefühl beweglich, also breitet es sich aus? Oder ist das Gefühl eher starr an einer Stelle?
   - Fühlt es sich weich oder hart, glatt oder rau an?
   - Ist es eher warm oder kühl, heiß oder kalt?
   - Verstärkt sich das Gefühl, wenn Sie es sich weiter ausbreiten lassen, es wärmer oder kälter werden lassen?

   Experimentieren Sie mit diesem Gefühl, so lange, bis es sich wirklich gut anfühlt.

3. Visualisieren Sie dieses Gefühl nun:
   - Können Sie die Form des Gefühls näher beschreiben: rund, eckig, Ball, Kugel …
   - Geben Sie dem Gefühl eine Farbe.

4. Geben Sie einen Ton, Klang, eine Melodie hinzu, die das Gefühl „schwingen“ lässt und zum Ausdruck bringt.

5. Hat das Gefühl für Sie einen Geschmack oder einen Geruch? Wenn nicht, lassen Sie diese Aspekte außer Acht.

6. Jetzt spüren Sie, wie Sie stehen oder sitzen. Wenn Sie den Oberkörper bewegen, verstärkt sich dann das positive Gefühl? Und wie fühlt es sich an, wenn Sie ein wenig mit den Füßen auf und ab wippen im Vergleich dazu, wenn Sie Ihre Füße ganz fest mit dem Boden verbinden? Wählen Sie den besten dieser Sinneseindrücke, bevor Sie …

7. … alles verbinden: Sie haben nun das Gefühl, Bilder, Töne, eventuell auch Geschmack und Geruch. Lassen Sie alles miteinander wirken. Vertiefen Sie diese Sinneseindrücke und genießen Sie sie für einen Moment.

Beispiel: Sie möchten Geduld ankern. Sie erinnern sich einer Situation im Leben, in der Sie Geduld hatten, und fühlen sich hinein. Ihre Beschreibung könnte lauten: „Ich spüre diese Geduld am intensivsten von der Bauchgegend bis zum Hals. Das Gefühl ist warm. Die Form der Geduld ist ein Ball, der sich beim Einatmen ausdehnt und beim Ausatmen wieder ein Stück zusammenzieht. Der Ball ist indigoblau und in mir tönt eine leise Klaviermusik, die das Ausdehnen und das Zusammenziehen des Balles begleitet.“

Beim Verbinden der Sinneseindrücke atmen Sie ein und aus und spüren zugleich die Bewegung des Balles, während sie ihn in seiner indigoblauen Farbe sehen und die leise Klaviermusik hören. Wiegen Sie Ihren Oberkörper und/oder Ihre Füße leicht hin und her und vertiefen Sie dabei Ihre Sinneseindrücke immer weiter und weiter.

Übung 22 – Einen klassischen Selbst-Anker setzen

Ziele: Lenken der eigenen Gefühle; vorhandene (aber nicht ohne weiteres zugängliche) Ressourcen bei sich selbst mobilisieren, um leicht einen bestimmten Zustand oder ein Ziel zu erreichen.

Übungspartner erforderlich? Nein, jedoch empfehlenswert (wie in Übung 21).

Den Anker setzen

1. Bestimmen Sie eine Stelle an Ihrem Körper, an der Sie später Ihren Anker setzen wollen (wie in Übung 20 auf Seite 28 beschrieben), Beispiele: Daumen und Zeigefinger der linken Hand aufeinander pressen und dabei einen Ring formen, das Ohrläppchen reiben oder den linken Zeigefinger auf den rechten Unterarm drücken.
2. Wählen Sie wiederum einen Zustand, der Ihnen in einer belastenden Situation am besten helfen würde, wie in Übung 21 unter Punkt 1 bzw. Punkt 1 a beschrieben.
3. Führen Sie die VAKOG^{+}-Assoziation durch wie in Übung 21 beschrieben.
4. Setzen Sie auf dem Punkt der höchsten Intensität Ihren Anker.
5. Lassen Sie wieder los und machen oder denken Sie irgendetwas, das in keinem Zusammenhang mit dem Vorhergehenden steht. Im NLP sagen wir dazu: „Setzen Sie einen Separator!"
6. Nach zwei Minuten „feuern" Sie Ihren Anker erneut.
7. Wiederholen Sie die Schritte 5 und 6 mehrfach. Wenn sich beim „Feuern" des Ankers der gleiche Zustand – evtl. auch abgeschwächt – erneut einstellt, haben Sie sich erfolgreich einen Ressourceanker gesetzt. Diesen sollten Sie in stressfreien Situationen immer wieder auslösen, damit er stabil wird.
8. Probe: Nehmen Sie nun gedanklich eine belastende Schul-Situation vorweg, als sei sie in diesem Moment real. Erleben Sie auch das belastende Gefühl assoziiert, jedoch nur kurz – und dann …
9. … feuern Sie Ihren Anker. Wenn sich dabei Ihr innerer Zustand ressourcevoll verändert, hat Ihr Anker auch die Belastungsprobe bestanden; er „sitzt".

2.2 Variationen: Besonders individuelle Anker

Übung 23 – Kleidungsstücke als Anker benutzen

Das Ankern funktioniert auch mit einem Kleidungs- oder einem Schmuckstück, sofern es Ihnen in der Schule immer zur Verfügung steht. Sie gehen dabei genauso vor wie beim klassischen Ankern. Auf dem Höhepunkt der Intensität knöpfen Sie eine Jacke oder einen Kittel zu oder schlüpfen in ein Paar Schuhe, die Sie speziell in der Schule tragen. Einige berufliche Beispiele machen das deutlicher:

- Beispiel 1: Eine Familienrichterin, liebende Mutter zugleich, litt jedes Mal, wenn in Trennungsstreitigkeiten Kinder involviert waren. Im persönlichen Coaching lernte sie, wie sie ihre Robe als Anker nutzen kann. Sobald sie diese jetzt anlegt, wirkt ihr Anker beruhigend und ermöglicht ihr die notwendige professionelle Distanz. Ihre Robe gleicht dann einem Schutzschild, das ihre Emotionen vor den Aggressionen der streitenden Parteien schützt.
- Beispiel 2: Ein junger klinischer Kinderarzt ankerte seinen Arztkittel auf die Ressourcen Ruhe, Freundlichkeit und Kraft. Vor den Visiten oder Operationen aktiviert er seinen Anker. Zurück in seinem Büro zieht er den Kittel aus, schüttelt ihn kurz und stellt sich dabei vor, wie er belastende Gefühle und Situationen „entsorgt".
- Beispiel 3: Eine Lehrerin legte sich eine spezielle Schultasche zu und nutzte diese als Anker. Der Anker wirkt, sobald sie an der Lasche einen Knopf drückt und die Tasche öffnet. Deshalb gestaltet sie das Öffnen der Tasche zu Beginn einer jeden Unterrichtsstunde als kleines Ritual: Der Knopf „klackt" (auditiver Anker), und das Gefühl (Ruhe, Gelassenheit, Souveränität) stellt sich ein. Sie nimmt die Tasche – anders als die Richterin und der Arzt – zwar mit nach Hause. Da steht sie allerdings im Arbeitszimmer und wird niemals im privaten Bereich benutzt.

Berufliche und private Anker strikt trennen

Für ein gesundes Selbstmanagement ist es ausgesprochen wichtig, berufliche und private Anker strikt zu trennen. Deshalb haben in unseren Beispielen die Richterin und der Kinderarzt gelernt, ihre Berufskleidung nicht mit nach Hause zu nehmen, während die Lehrerin ihre Tasche zwar im Arbeitszimmer deponiert, jedoch niemals in privat genutzten Räumen (siehe im Praxisbuch das Kapitel 6 „Wie steht's um Ihr Selbstmanagement“ und den Abschnitt „Warum so viele Lehrer innerlich ‚ausbrennen‘“). Die Vermischung dieser Anker verunreinigt diese, macht sie unter Umständen wirkungslos und begünstigt Burn-Out-Symptome.

Übung 24 – Schmuckstücke als Anker benutzen

Sie gehen genauso vor wie beim klassischen Ankern. Auf dem Höhepunkt der Intensität
- berühren Sie eine Kette,
- drehen Sie einen Ring an Ihrem Finger,
- berühren Sie einen Ohrring.

Übung 25 – Ein Krafttier als Anker nutzen

Dieses Vorgehen ist schamanisch inspiriert. Schamanen nutzen „Krafttiere“ zur Heilung und inneren Stärkung. Dabei versinken sie für einen Moment in Trance und begegnen dann innerlich ihrem Krafttier, das sie bei der Erfüllung bestimmter Aufgaben oder bei einer Visionssuche begleitet. Wir westlichen Menschen brauchen für diese Idee eine gewisse Erfahrung in Meditation, Phantasiereisen oder Hypnose. Wenn Sie darüber bereits verfügen, ist es ganz leicht:

Sie gehen genauso vor wie beim klassischen Ankern (Übung 22 auf Seite Seite 30). Auf dem Höhepunkt der Intensität (Schritt 4) imaginieren Sie gleichzeitig ein Tier, das Sie besonders fasziniert. Sie lassen es zu Ihrem Begleiter werden in allen Situationen, in denen Sie seine Kraft oder Energie brauchen. Stellen Sie sich vor, Sie brauchen in einer Schulsituation Kraft, Charisma und Ruhe, und neben Ihnen sitzt, sagen wir, ein Wolf. Was soll Ihnen mit diesem Verbündeten schon passieren?

2.3 Praktische Anwendung des Ankers

1. **Ständiges „Aufladen“:** Sie sollten Ihren Anker regelmäßig verstärken und damit stabilisieren, besonders in Zeiten, in denen es Ihnen gut geht. Dazu müssen Sie ihn, wenn er bereits wirkt, täglich mehrfach feuern. Dadurch laden Sie ihn gewissermaßen auf und machen ihn verfügbar für problematische Situationen. Sollte er anfangs nur schwach wirken, wiederholen Sie Ihre Übungen mehrfach am Tag. Hat das keinen Erfolg, probieren Sie es mit einem anderen Anker oder nehmen Sie die Hilfe eines NLP-Coaches in Anspruch.
2. **Sie stehen vor einer problematischen Situation:**
   - **Wenn sich diese planen lässt** (z. B. eine schwierige Unterrichtsstunde oder ein Elterngespräch): Wenden Sie die Übung vorher mehrfach an. Und feuern Sie dann Ihren Anker unmittelbar vor Eintritt in und auch während der Situation – mehrfach! Keine Sorge: Niemand weiß, was genau Sie da tun.
   - **Die problematische Situation ergibt sich plötzlich und unerwartet** (z. B. während des Unterrichts): Halten Sie einen Moment inne, reagieren Sie nicht sofort! Stattdessen nutzen Sie Ihren Anker. Dazu brauchen Sie, wenn Sie regelmäßig üben, nur einige Sekunden.

In beiden Fällen reagieren Sie nicht mehr „automatisch“, sondern aus Ihrer ressourcevollen Kraft heraus.

Übung 26 – Belastende Anker identifizieren

Denken Sie an einen Schüler, der bei Ihnen immer wieder „den Schalter umlegen" kann, dessen Verhalten Sie immer wieder reizt, provoziert, in einen unangenehmen inneren Zustand bringt. Forschen Sie nach, was genau geschieht, Schritt für Schritt, vom Zeitpunkt, an dem noch alles in Ordnung ist, bis zu Ihrer Stimmungsveränderung bzw. bis zu Ihrer Reaktion.

Um dem Muster auf die Spur zu kommen, müssen Sie dies assoziiert nacherleben. Dazu begeben Sie sich in Ihrer Phantasie in eine typische Situation und ermitteln, wie die Erinnerung sich zuallererst repräsentiert: In einem Bild, einem Ton oder mit einem Gefühl? Nehmen Sie das, was Ihnen kommt, zuerst, also zum Beispiel: Es kommt zuerst ein Bild.

Erleben Sie die Szene in allen Details bildlich nach, lassen Sie alles wie einen Film vor Ihrem inneren Auge ablaufen. Dann geben Sie Ton hinzu: Was wird, in welcher Lautstärke, welcher Tonlage und in welchem Tempo, von wem gesagt? Was ist noch zu hören? Jetzt nehmen Sie wahr, was dieses innere Erleben mit ihren Emotionen macht – wie fühlen Sie sich dabei, welche körperlichen Reaktionen nehmen Sie wahr?

Während Sie das innerlich nacherleben, forschen Sie nach dem Auslöser. Was geschieht, kurz bevor in Ihnen eine emotionale Veränderung vorgeht, bevor bei Ihnen „der Schalter umgelegt" ist? Vielleicht entdecken Sie, dass der Anlass nur Bruchteile von Sekunden vor Ihrer Reaktion eintritt. Vielleicht „schlucken" Sie jedoch auch Anlass für Anlass, bis bei Ihnen das Fass zum Überlaufen gefüllt ist und dann die innere oder äußere Reaktion kommt.

Eine innere Reaktion ist oft mit emotionaler Verstimmung, einem sauren Magen, Rückenschmerzen, Kopfschmerz oder Magendrücken verbunden, in einer äußeren Reaktion z. B. schimpfen Sie heftig und mitunter unangemessen. Meist mischt sich beides zu einem ungenießbaren Gebräu. Was genau geschieht, bevor dieser Punkt erreicht ist?

Vielleicht müssen Sie das mehrmals testen, vor allem, wenn Sie in diesem NLP-Verfahren zur Ermittlung innerer Strategien keine Erfahrung haben. Vielleicht sollten Sie besser einen erfahrenen NLP-Coach aufsuchen.

Der würde Ihnen auch beim nächsten, zunächst vielleicht schmerzhaften und dann wohltuenden und heilenden Schritt helfen: Wenn Sie den auslösenden Moment identifiziert haben, forschen Sie in Ihrer eigenen Biografie nach dem Ursprungsereignis und der Ursprungsperson. Wer hat sich Ihnen gegenüber ähnlich verhalten wie der Schüler, der Ihren „Schalter umlegt"? Welche, Ihre persönliche Identität abwertende Kommunikation ist in welchem Kontext geschehen, dass Sie heute, wenn Ihr Unbewusstes sich erinnert fühlt, auf Ihre Nervenautobahn springen und … ja: zwanghaft handeln?

2.4 Lernfördernd oder lernhemmend? Raumanker im Klassenzimmer

Übung 27 – Mit den „Drei Positionen" das Klassenzimmer gestalten

Setzen Sie sich an einem Nachmittag, wenn alle gegangen sind, in Ihr Klassenzimmer oder Ihren Fachraum und schauen Sie sich um. Nehmen Sie alles wahr, was da ist. Und dann analysieren Sie die Gestaltung des Lern- und Arbeitsumfeldes aus drei verschiedenen Positionen:

I. Position 1: Aus meiner Sicht

a. Wem dienen die Informationen auf den Bildern / Darstellungen im Klassenzimmer? Auf welche Weise?
b. Ist diese Information wichtig, hat irgendwer irgendetwas davon? Wer und was genau?
c. Wie spricht Sie die farbliche Gestaltung des Klassenzimmers an?
d. Welche Emotionen löst die Gestaltung (Farben, Bilder an der Wand, Anordnung des Mobiliars) des Klassenzimmers in Ihnen aus? Ist das die Emotion, die Sie wollen (fördert diese Emotion Ihre Motivation, oder behindert sie diese eher)?
e. Fragen Sie sich: Was möchte ich verändern, könnte ich frei entscheiden? Hier schreiben Sie bitte alle Ihre Ideen und Wünsche auf, auch diejenigen, die Ihnen nicht realisierbar erscheinen.

II. Position 2: Aus Schülersicht

a. Wählen Sie nun drei Schüler oder Schülerinnen aus. Bestimmen Sie Ihre Kriterien der Auswahl, z. B. einen besonders ruhig-sensiblen, eine besonders umtriebig-nervöse, einen besonders …
b. Steigen Sie mental, so gut Sie eben können, in die Welt des Jungen oder Mädchens ein. Denken Sie für einen Moment mit ihren Gedanken, sehen Sie mit seinen Augen, fühlen Sie wie Ihr Schüler. Und dann …
c. … beantworten Sie die Fragen unter Punkt I aus dieser Sicht.

III. Position 3: Das Veränderungspotenzial

Versetzen Sie sich nun in eine dritte Person. Die Kriterien für die Auswahl: Sie ist unabhängig von der Schule und ihren Autoritäten, sieht Schule von außen und ist Ihnen und den Schülern freundlich zugewandt. Das kann ein Elternvertreter sein, ein guter Freund, eine Kollegin, ein pädagogischer, philosophischer oder psychologischer Denker, den Sie kennen oder von dem Sie gelesen haben. Untersuchen Sie aus dieser Sicht die Antworten aus Punkt I und Punkt II. Und dann schreiben Sie aus dieser Sicht auf, was alles auf welche Art veränderungswürdig ist und wie es verändert werden kann. Kriterium dabei ist das pädagogische Ziel – und nicht die Frage, ob die Veränderungen auf Widerstand stoßen oder administrativen Aufwand auslösen können.

Maßnahmeplan

Erstellen Sie nun Ihren Maßnahmeplan. Was genau werden Sie auf welche Weise ändern? Gehen Sie dabei Schritt für Schritt vor. Wählen Sie eine Reihenfolge der Veränderungen. Legen Sie fest, bei welchen Maßnahmen Sie Kolleginnen, den Schulleiter, den Schulhausmeister um Unterstützung bitten möchten. Setzen Sie sich für jede Veränderung einen Termin, den Sie bitte so großzügig auswählen, dass Sie die Schritte gelassen umsetzen können. Und dann legen Sie los. Es lohnt sich!

Priorität	Was?	Wann?	Unterstützung durch …
1			
2			
3			
4			
5			
6			
7			

Übung 28 – Variation zu Übung 27: Anker an Ihrem Arbeitsplatz zu Hause

Sie müssen viel Arbeit zu Hause erledigen: Die Vorbereitungen für den Unterricht, Korrekturen von Tests und Klausuren und einiges mehr. Ist Ihr häuslicher Arbeitsplatz so eingerichtet, dass er Sie motiviert? Analysieren Sie Ihre „Anker" in Ihrem Arbeitszimmer: Machen Sie es sich dafür an Ihrem Arbeitsplatz bequem. Nehmen Sie nun mit allen Sinnen wahr:

Was sehen Sie? Was hören Sie? Steigt Ihnen ein Geruch in die Nase? Oder bildet sich ein Geschmack auf der Zunge? Und welche Gefühle entstehen dadurch?

Gehen Sie alles im Detail durch. Was ist für Sie „richtig", was „falsch"? Und: Was fehlt, damit in Ihnen ein gutes Gefühl entstehen kann?

Welche der ermittelten Raumanker wollen Sie verändern? Und welche fehlenden können Sie hinzufügen? Wann beginnen Sie damit?

Beispiel 1: Eine Lehrerin litt unter Schlafstörungen. Ihr Schreibtisch stand in ihrem Schlafzimmer und wirkte dort als Anker für Pflichten und Unerledigtes. Mitunter wechselte sie nachts vom Bett direkt an den PC. Nachdem sie ein separates Arbeitszimmer eingerichtet hatte, konnte sie wieder schlafen.

Beispiel 2: Ein Lehrer hatte auf dem Schreibtisch im Arbeitszimmer ein Bild seiner Familie stehen. So zieren ja viele Familienväter und -mütter ihre Büros. Doch das ist manchmal überhaupt nicht gut. Wenn unser Lehrer am Wochenende oder abends arbeitete, wurde er scheinbar ohne jeden Anlass traurig und fühlte sich lustlos. Das Bild, so fand er während eines Coachings heraus, löste in ihm stets ein schlechtes Gewissen aus (aus NLP-Sicht: war mit einem negativen Gefühl geankert): Dieses Gefühl beherrschte sein Unbewusstes, wenn er arbeitete, und Frau und Kind allein ließ. Er entfernte das Bild und ersetzte es durch einen Kalender, in dem er Arbeit und Freizeit farblich unterschiedlich markierte. Diesem Zeitplan folgt er nun konsequent. Die Folgen: Die negativen Gefühle während der Arbeit sind nicht wieder aufgetreten, das Familienleben ist reicher geworden und das Bild hat einen Ehrenplatz im Wohnzimmer bekommen.

2.5 Ankern bei Schülern

Wir zeigen Ihnen zwei Beispiele, wie Sie Ressourceanker bei Ihren Schülerinnen und Schülern setzen können. Die folgenden Übungen eignen sich sowohl für Einzelarbeit als auch für ein Ritual mit der ganzen Klasse.

Übung 29 – Der Zauberstein: Ein Anker für die Kleineren (bis 12 Jahre)

Als Anker dient ein Stein. Diesen können Sie dem Schüler schenken, oder besser noch: Er bringt ihn mit. Der Stein muss in die geschlossene Hand passen. In Frage kommen:

- Kleine Halbedelsteine, Trommelsteine, Schmucksteine wie Amethyst, Malachit, Achat, Bergkristall.
- Hühnergötter (das sind Steine mit einem natürlich entstandenen Loch, die oft an Stränden zu finden sind und bei vielen Menschen als Glücksbringer gelten).
- Alle anderen kleinen Steine, die das Kind von einem als besonders empfundenen Ort mitbringt.

Wenn jede Schülerin ihren Stein ausgesucht hat, geht es los:

Der Schüler nimmt den Stein in die Hand, mit der er *nicht* schreibt, also Rechtshänder in die linke, Linkshänder in die rechte Hand. Geben Sie dann mit ruhiger (trance-geeigneter) Stimme folgende Anweisungen *(kursiv gedruckt stehen Hinweise für Sie, die Sie nicht sprechen):*

1. Schließe deine Augen und die Hand und spiel ein bisschen mit dem Stein. Spüre ihn in deiner Hand. Fühlt er sich rau oder glatt an? Warm oder kühl? Was spürst du mehr: Ist er eher rund oder eher eckig? Beweg den Stein in deiner Hand so lange, bis er richtig gut liegt und es sich für dich gut anfühlt. *(Einige Sekunden Zeit geben.)*

2. Jetzt öffne die Augen und auch die Hand und schau dir deinen Stein an. Entdeckst du etwas, das du bisher vielleicht noch gar nicht gesehen hast? *Lassen Sie die Schüler gern reden, bei einer größeren Gruppe können zwei oder drei Schüler einander berichten. Doch bewerten Sie nichts, geben Sie nichts vor: Alles, was das Kind sagt, ist gut. Und wenn es schweigt, ist es auch gut. Erzählen Sie nun mit einer sanften, zärtlichen Stimme, die geeignet ist, einen Trancezustand zu bewirken:*

3. Kennst du das Märchen von Aladin mit der Wunderlampe aus „Tausendundeine Nacht"? Darin entdeckt der junge Aladin in einer Öllampe einen guten Geist, der ihm alle Wünsche erfüllt.
Stell dir vor, dein Stein hätte die Kraft dieser Zauberlampe! Und auch in ihm wohnt ein Geist, der dir die Kraft gibt, die du brauchst, um bei einem Test ganz ruhig und konzentriert arbeiten zu können. Damit das klappt, machen wir Folgendes:

4. Schließe deine Hand wieder um den Stein, sodass er gut geschützt ist. Atme ganz ruhig ein und aus. Du spürst den Stein in deiner Hand, während sich in deinem Bauch ein kleines, warmes Gefühl ausbreitet, das sich mit jedem Atemzug verstärkt. Spüre, wie das kleine Gefühl zu wachsen beginnt und sich zur Brust, zum Hals und in die Arme ausbreitet – immer weiter und weiter, ganz sanft.
Und es bewegt sich im Rhythmus deines Atems.
Und in diesem Gefühl ist alles, was du brauchst, wenn du mal aufgeregt bist: Ruhe, Freude und das Vertrauen, dass du alles schaffen wirst. Und du kannst alles schaffen, denn schon als Baby hast du Laufen gelernt, sprechen und herumhopsen. … Dann hast du Fahrradfahren gelernt, schreiben, lesen … und so viel mehr. Das war ganz schön schwer, und du hast es geschafft, ganz leicht! Du bist, wie jedes Kind auf dieser Welt, ein einzigartiges Wesen, ein geliebtes Wesen, ein starkes Wesen. … Ja

5. *Langsam sprechen und zwischen jedem Satz einige Sekunden Zeit geben.*
Und jetzt, wo du weißt, dass du alles hast, was du brauchst, jetzt gib dem Gefühl deine Lieblingsfarbe. Und wenn du willst, noch einen tollen Ton, den du liebst.
Und es ist lustig, wie das Gefühl sich bewegt, zu leuchten beginnt und noch ein bisschen stärker wird.
Und du weißt, es ist in dir dieser gute Geist. Wenn du Lust hast, dann gib ihm jetzt einen Namen.
Spür noch einmal den guten Geist und lass ihn in den Stein in deiner Hand fließen. Und wenn er ganz drin ist, dann öffne die Augen.

6. *Separator. Wenn das Kind die Augen und die Hand geöffnet hat, fragen Sie, was es erlebt hat. Lassen Sie nur kurz erzählen und verlangen Sie keine Details. Manchmal möchten Menschen jetzt gar nicht reden – und auch das ist in Ordnung. Vergewissern Sie sich nur, ob die Trance funktioniert hat. Wenn Sie das Kind anschauen und vermehrte Tränenflüssigkeit und einen leicht abwesenden, scheinbar „müden" Blick wahrnehmen, sehen Sie einen posthypnotischen Zustand: Dann hat Ihre Arbeit voll gewirkt. Falls das beim ersten Versuch nicht gleich funktioniert hat: Einfach öfter wiederholen. Es geht weiter:*

7. Lass uns jetzt noch etwas anderes ausprobieren. Nimm den Stein in die Hand, schließe wieder die Augen und reibe den Stein dann mit deinem Daumen. Stell dir vor, dass das der Zaubertrick ist: Wenn du mit dem Daumen den Stein reibst, fließt der gute Geist aus dem Stein in deinen Körper und ist dann ganz und gar für dich da. Okay? Und dann lass den Geist wieder in den Stein fließen. *Etwas Zeit geben.*

8. *Separator: Holen Sie das Kind wieder ins Hier und Jetzt. Geben Sie dann eine „Hausaufgabe" auf:* Jeden Abend vor dem Schlafen holst du deinen treuen Freund zu dir, indem du den Stein mit dem Daumen reibst, und lässt ihn nach kurzer Zeit wieder in den Stein zurückfließen. Du hast es ja schon gelernt: Du brauchst nur den Stein reiben und dir vorstellen, wie der Geist in deinen Körper fließt, und wieder reiben, und dir vorstellen, wie er zurück in den Stein fließt.

Hinweise für die Durchführung

Der Stein steht nun als Anker für Tests und stressbelastete Situationen zur Verfügung. Doch wirkt dieses Vorgehen, so wirksam und hilfreich es auch ist, für einige Menschen etwas unkonventionell. Es ist wie der ewige Disput zwischen Schul- und Alternativmedizin: Wir können den Zauberstein wissenschaftlich nicht begründen, jedoch mit der Erfahrung aus hunderten Anwendungen. Um Irritationen vorzubeugen, sollten Sie daher den Eltern zuvor erklären, was Sie vorhaben und wie Sie dieses Vorgehen pädagogisch begründen: Dass hier die kindliche Phantasie und sein Unbewusstes als Lernhilfe angezapft werden. Und Sie müssen dem Kind deutlich machen, dass der Stein hilft, Gelerntes lockerer zu Papier zu bringen. Das Lernen ersetzt der gute Geist jedoch nicht.

Übung 30 – Der magische Kreis: Ein Anker für Jugendliche (ab 13)

Vorbemerkungen: Auch diese Übung ist in Einzel- wie in Gruppenarbeit möglich. Sollten Sie es gewohnt sein, Ihre Schüler zu „siezen", erklären Sie ihnen bitte hier die Ausnahme: Die Trancewirkung ist beim „Sie" gefährdet, holen Sie deshalb für diese Übung die Erlaubnis zum „Du" ein. Wieder drucken wir Regiehinweise kursiv; diese werden nicht gesprochen.

Mach es dir bequem auf deinem Platz und konzentriere dich ganz auf deine Atmung. Spüre, wie du durch die Nase tief ein- und durch den Mund tief ausatmest. Finde deinen Atemrhythmus.

Und während du atmest, erinnere dich, wie es sich anfühlt, wenn du ganz stark bist, wenn es dir gut geht.

Du weißt längst, dass du alles schaffen kannst. Konzentrier dich auf dieses Gefühl – ganz stark sein, alles schaffen können – und wundere dich, wo es im Körper am stärksten spürbar ist. Und wenn du diese Stelle gefunden hast, an der das Gefühl am stärksten ist, lass es sich ausbreiten.

Doch vielleicht entsteht statt des Gefühls auch ein Bild, auf dem du dich siehst, wie du bist, wenn du ganz in deiner Kraft bist und es dir gut geht. Und wenn du das Bild vor dir siehst – spring hinein in das Bild und erlebe, wie das Gefühl von Kraft in deinen Körper fließt.

Vielleicht möchtest du jetzt noch einen Ton hinzugeben, einen Rhythmus, der dein Gefühl in Bewegung setzt und dadurch verstärkt.

Und während du es genießt zu sehen, zu spüren und zu hören, wie es ist, wenn du ganz in deiner Kraft bist, bilde mit Daumen und Zeigefinger einen Ring und presse die Fingerspitzen aufeinander.

Ja, so ist es gut.

Bei Gruppenarbeit warten, bis alle Schüler den Ring gebildet haben.

Atme noch einmal tief ein und aus und halte den Ring aus Daumen und Zeigefinger. Spüre den Druck und die Kraft, Deine Kraft. Dann lass los und komm zurück ins Hier und Jetzt *(etwas Zeit geben)*. Wie war es?

Lassen Sie die Schüler berichten. Wieder gilt: Es ist auch in Ordnung, nichts zu sagen. Danach bitten Sie die Schülerin, erneut den Ring zu bilden, und fragen, was sich dann verändert. Stellt sich das gleiche Gefühl (auch schwächer) wieder ein, sitzt der Anker. Die Jugendlichen erhalten jetzt die gleiche Hausaufgabe wie die Kinder in Übung 29. Sie sollen ihren Anker morgens zwischen Aufwachen und Aufstehen und abends zwischen Zubettgehen und Einschlafen üben, und immer wieder im Verlaufe des Tages. Bei den Jugendlichen können Sie augenzwinkernd ein Paar humorvolle Hinweise einbauen: Ankern zwischendurch auf dem Klo, beim Knutschen, bei einem Sieg im Sport …[3].

---

3 Klingt vielleicht verrückt, doch wirkt sehr gut: Ankern, wenn der Mensch irgendetwas Wunderschönes erlebt, das ihn tief bewegt, erregt oder erfreut. Sie „stapeln" diese Ressource einfach auf dem Höhepunkt des neuen Erlebens auf Ihren bereits bestehenden Anker – immer wieder! Im NLP heißt das „Anker stapeln".

3. | Typgerechte Motivation

Worum geht's?

Die sogenannten Metaprogramme geben Aufschluss darüber, wodurch Menschen motiviert werden, wie sie Informationen verarbeiten, Entscheidungen treffen und wie sie auf ihre „typische“ Art reagieren. Im NLP werden etwa 60 verschiedene Muster dieser limbischen Bevorzugungen beschrieben. Im Praxisbuch haben wir sechs davon vorgestellt, die für den pädagogischen Alltag besonders nützlich sind.

Mit den folgenden Frage- und Beobachtungsbögen können Sie die Metaprogramme Ihrer Schülerinnen und Schüler leicht ermitteln. Wenn Sie darin erst einmal geübt sind, können Sie Ihre Fragen in ein normales Gespräch integrieren. Sie können sich auch eigene Fragen ausdenken, wenn diese die Lebenswirklichkeit Ihrer Schüler besser widerspiegeln.

Bitte berücksichtigen Sie, in welcher Situation Sie die Informationen erhoben haben. Menschen zeigen Ihre Muster in einem bestimmten Kontext, zu einer bestimmten Zeit und an einem bestimmten Ort. Wir ändern und entwickeln uns. Deshalb gilt das, was Sie ermitteln, nur in dem Kontext, in dem Sie es ermittelt haben. Und Sie sollten immer mal wieder prüfen, ob Ihre Informationen noch aktuell sind. Sonst laufen Sie Gefahr, mit dieser Typentheorie Menschen zu stigmatisieren oder zu kategorisieren. Wenn Sie diese Grundsätze jedoch berücksichtigen, werden Sie die Metaprogramme mit Integrität und Sorgfalt zum Nutzen Ihrer Schülerinnen und Schüler anwenden.

Übung 31 – Fragebogen zur Ermittlung der Metaprogramme zur Motivation

Schüler/in:	Klasse:
Profil erstellt am:	Kontext:

Motivations-Richtung (Hin zu oder weg von)

Frage	**Diese Antwort-Beispiele deuten auf eine Hinzu-Präferenz**	**Diese Antwort-Beispiele deuten auf eine Weg von-Präferenz**
Warum machst du deine Hausaufgaben?	„Weil ich gern eine Eins möchte.“	„Weil ich keinen Ärger will.“
Warum kommst du mit dem Fahrrad zu Schule?	„Weil es mir Spaß macht, mich zu bewegen.“	„Weil ich keinen Bock auf die Enge im Bus habe.“
Warum spielst du Handball?	„Weil mich der Sport fasziniert.“	„Damit ich nicht so fett werde.“
Warum hast du dich dieser Clique angeschlossen?	„Weil ich dazu gehören möchte.“	„Weil ich sonst ausgegrenzt werde.“
Ergebnis		

Optional – prozedural

Frage	Diese Antwort-Beispiele deuten auf eine optionale Präferenz	Diese Antwort-Beispiele deuten auf eine prozedurale Präferenz
Warum ist (Fach) für dich so interessant?	„Weil man auf so verschiedene Art zu Lösungen kommen kann.“	„Weil der Lehrer uns Schritt für Schritt alles erklärt.“
	Ergänzen Sie mit Entweder-oder-Fragestellungen	
Was fällt dir leichter, wenn du eine Aufgabe zu lösen hast?	Wenn Du verschiedene Möglichkeiten hast, diese zu lösen, oder ...	... wenn ein genauer Lösungsweg vorgegeben wird?
Was denkst du über unsere nächste Klassenfahrt? Sollten wir ...	... uns verschiedene Optionen offen halten, um dann vor Ort entscheiden zu können, was genau wir machen?	Oder möchtest du gern vorher wissen, wie genau der Ablauf ist, damit du dich darauf einstellen kannst?
Ergebnis		

Überblick oder Detail

Lassen Sie sich über einen Film, ein Hobby, ein Gespräch, ein Erlebnis oder ein Lieblingsthema berichten und achten Sie auf die „Informationsgröße“:

- Der überblicksorientierte Mensch erzählt grob, lässt Fakten aus, vermittelt ein Gesamtbild und spricht in willkürlicher Reihenfolge.
- Der detailorientierte Mensch benennt viele Einzelheiten, spricht in Sequenzen und in exakter Reihenfolge.

Ergebnis	**Überblick**	**Detail**

Proaktiv oder reaktiv

	Frage / Beobachtung	Diese Antwort-Beispiele oder Beobachtungen deuten auf eine proaktive Präferenz	Diese Antwort-Beispiele oder Beobachtungen deuten auf eine reaktive Präferenz
Fragen	Was tust du am Wochenende am liebsten?	„Mit Freunden was unternehmen.“	„Das lass ich auf mich zukommen.“
	Hast du es lieber, wenn dir jemand sagt, was du machen sollst, oder entscheidest du lieber allein?	„Das entscheide ich.“	„Ich mag es, wenn jemand die Führung übernimmt.“
Beobachtungen	Macht der Schüler bei einem Projekt lieber mit oder übernimmt er lieber die Führung?	„Übernimmt die Führung“	„Macht lieber mit“
	Wird der Schüler schnell ungeduldig, wenn jemand seiner Auffassung nach zu langsam ist?	Ja	Nein
	Nutzt der Schüler in seiner Sprache eher ...	... kurze, aktive, klare Sätze?	... Worte wie versuchen, nachdenken, könnte, mal sehen, was sich ergibt?
	Ergebnis		

Internal – external

	Frage / Beobachtung	Diese Antwort-Beispiele oder Beobachtungen deuten auf eine internale Präferenz	Diese Antwort-Beispiele oder Beobachtungen deuten auf eine externale Präferenz
Fragen	Woher weißt du, dass du eine Aufgabe gut gelöst hast?	„Ich hab ein gutes Gefühl."	„Wenn der Lehrer es mir sagt."
	Wann geht es dir in der Klasse so richtig gut?	„Wenn ich mich wohl fühle."	„Wenn die anderen mir sagen, dass sie mich gut finden."
	Wann weißt du, dass du einen Fehler gemacht hast?	„Das fühle ich."	„Wenn der Lehrer es mir sagt."
Beobachtungen	Freut sich der Schüler in besonderer Weise über Lob oder lässt ihn Lob eher gleichgültig?	Eher gleichgültig.	Freut sich.
	Stellt der Schüler aufgrund Ihrer Kritik eher *sein* Verhalten / *seine* Leistung in Frage – oder eher *Ihr* Feedback?	Stellt Ihr Urteil in Frage	Stellt seine Leistung / sein Verhalten in Frage
	Wie reagiert der Schüler, wenn er glaubt, etwas gut gemacht zu haben, Sie jedoch zu einem anderen Ergebnis kommen (z. B. er glaubt, ein Aufsatz sei mit „eins" zu bewerten, Sie geben lediglich eine „drei")?	Will Recht behalten.	Gibt Ihrer Bewertung die größere Bedeutung.
	Ergebnis		

Sache / System – Mensch / Beziehung

Lassen Sie sich über ein Erlebnis oder ein Lieblingsthema berichten und achten Sie auf die primären Interessen:

- Ein Mensch mit der Präferenz Mensch / Beziehung spricht vor allem über Menschen, Emotionen, Gefühle. Er nennt die Menschen oft bei ihren Namen und verwendet persönliche Pronomen. Oberste Priorität bei der Arbeit ist das „sich gut fühlen".
- Ein Mensch mit der Präferenz Sache / System spricht vor allem über Systeme, Werkzeuge, Ideen, Aufgaben und Ziele. Menschen werden entweder gar nicht erwähnt, nur in Form unpersönlicher Pronomen („sie", „man") oder als Teile von Objekten und Prozessen („die Schüler", „der Lehrkörper", gemeint als „Masse").

Wenn Ihr Schüler also z. B. über einen Ausflug berichtet, dann deutet die Beschreibung von Personen, Dialogen, Begegnungen in der Jugendherberge usw. auf eine Präferenz Mensch / Beziehung hin. Bevorzugt der Schüler eher Sache / System, wird er die Architektur beschreiben, den Straßenverkehr oder die Ausstellungsstücke eines Museums.

Ergebnis	Mensch / Beziehung	Sache / System

Anwendung der Ergebnisse

Für die Motivation von Schülerinnen und Schülern:
Mit dem Wissen über die limbischen Bevorzugungen Ihrer Schülerinnen und Schüler können Sie deren Motivation gezielt und typgerecht fördern. Dies geschieht durch spezifische Sprachmuster und die besondere Berücksichtigung des jeweiligen Typs bei der Gestaltung von Aufgaben im Unterricht. Hierzu finden Sie im „NLP-Praxisbuch" zahlreiche Beispiele, die Sie nun mit den Detailkenntnissen aus diesem Fragebogen kombinieren und individuell auf einen Schüler bezogen einsetzen können.

Für Ihr Selbstmanagement und Ihren Unterrichtsstil:
Wandeln Sie die Fragen einfach ab und ermitteln Sie auch Ihr eigenes Profil. Damit verstehen Sie sich selbst besser und gewinnen mehr Klarheit über Ihre wesentlichen Stärken und Ihre Potenziale.

Außerdem werden Ihnen die Stärken verschiedener Unterrichts- oder Kommunikationsstile klarer: Wenn Sie zum Beispiel ein sachbezogener Lehrer sind, können Sie gut mit Fakten umgehen und kommen im Unterricht gern direkt zum Kern der Sache – während der beziehungsbezogene Schüler eine emotionalere Ansprache braucht, um motiviert zu werden. Im Praxisbuch finden Sie daher eine Fülle von Anregungen, Metaprogramme so auszubalancieren, dass Sie damit allen individuellen Präferenzen Ihrer Schülerinnen entgegenkommen können.

3.1 Eine Motivationsstrategie entwickeln – aus drei Positionen denken

Ziele: Sich selbst motivieren und Ihre Schülerinnen und Schüler darin unterstützen, eine starke intrinsische Motivation zu entwickeln.

Übung 32 – Eine Motivationsstrategie für mich

Machen Sie eine Bestandsaufnahme Ihrer Fähigkeiten. Nehmen Sie dazu je ein Blatt Papier für „Fachkompetenz" und „emotionale Kompetenz" zur Hand und schreiben Sie darauf alle Ihre Fähigkeiten wie folgt unterteilt:

1. Kann ich und interessiert mich.
2. Kann ich und interessiert mich nicht.
3. Kann ich nicht und interessiert mich.
4. Kann ich nicht und interessiert mich nicht, brauche ich aber für meinen Beruf.

Unter 1. finden Sie Fähigkeiten, die Sie motivieren. Die unter 2. genannten Fähigkeiten sollten Sie nur einsetzen, wenn es sich überhaupt nicht vermeiden lässt: Also am besten gar nicht oder so selten wie möglich. Interessanter sind die Nummern 3 und 4:

- Welches Thema erweckt im Moment am meisten Ihr Interesse?
- Welches Thema ist im Moment am wichtigsten für Ihren Beruf?

Beschaffen Sie alle Informationen, die Sie brauchen, die hier notierten Fähigkeiten zu erlernen.

Übung 33 – Eine Motivationsstrategie für eine Schülerin / einen Schüler

Disziplin allein („Ich lerne, obwohl ich nicht mag“) ist kein Motivator. Wenden Sie deshalb die Erfahrung aus Übung 32 nun auf einen Schüler an, der auf Sie besonders unmotiviert wirkt. Sehen Sie für einen Moment mit seinen Augen, fühlen Sie wie er – so gut Sie das eben können. Und beantworten Sie dann die Fragen aus dieser Perspektive. Statt „Beruf“ geht es natürlich um den „angestrebten Beruf“. Eventuell ersetzen Sie die Frage 4 bei Kindern, die darüber noch keine Vorstellung entwickelt haben, einfach durch: „Kann ich nicht und interessiert mich nicht, brauche ich aber für ein gutes Zeugnis“.

Zu welchen Erkenntnissen kommen Sie?

Versetzen Sie sich schließlich in eine dritte Person, die Ihnen und der Schülerin wohlgesonnen ist, zum Beispiel ein Elternvertreter, ein zugewandter Kollege oder ein Freund der Betreffenden. Es kann auch eine Phantasiefigur sein, jedenfalls eine, die Kinder mag. Und beantworten Sie dann aus dieser Sichtweise folgende Fragen, so als wäre die „3. Wahrnehmungsposition“ Ihr persönlicher Coach:

Wie können Sie dieser Schülerin helfen,

a. ihr Potenzial zu entfalten (sich möglichst oft und möglichst intensiv mit den Themen zu beschäftigen, die sie interessieren) und so Befriedigung und Motivation zu erzielen?
b. sich mit Themen, die sie nicht interessieren, möglichst wenig zu beschäftigen (Pflichtprogramm)? Und / oder, besser noch …
c. … gezielt Aspekte aus diesen Themenfeldern herauszuarbeiten, die das Interesse und damit die Motivation steigern?

Übung 34 – Freude schenken nach dem Glücksprinzip

Ziel: Mit anderen in Resonanz kommen, andere motivieren, die Stimmung in der Klasse verbessern.

Indem Sie einem Schüler ein Stück Freude schenken, stärken Sie die Motivation in der ganzen Klasse. Fangen Sie so an:

Konzentrieren Sie sich in der nächsten Woche auf drei Schüler, denen Sie auf Ihre ganz eigene Weise zeigen, dass Sie sie schätzen: Das kann in Worten oder Gesten, durch freundliches Lächeln oder eine kleine Aufmerksamkeit geschehen. Beobachten Sie:

- Wie fühlen Sie sich, wenn Sie anderen Menschen eine Freude machen?
- Was bewirkt das im anderen? Gibt er etwas von dieser freudigen Energie weiter?
- Was bewirkt das in der Klasse, bei den Mitschülern?
- Stellen Sie sich vor, wie es wäre, wenn diese Energie von Ihrer Klasse ausgehend auf die anderen Klassen in der Schule übergreifen würde.

Diese Übung können Sie zusätzlich überall da anwenden, wo Menschen miteinander kommunizieren: Im Kollegium, gegenüber Eltern, in Ihrer Verwandtschaft, unter Nachbarn, im Verein.

4. Die Macht der Sprache

Worum geht's?

Sprache ist ein individuelles Abbild der Welt – genauer: des inneren Erlebens der Welt. Damit gibt sie nicht die Realität wider, sondern ein durch die individuellen Filter der menschlichen Wahrnehmung verändertes Abbild der Wirklichkeit. Das Risiko, dass Schüler und Lehrer aneinander vorbei reden, ist daher um ein Vielfaches höher als die Chance, einander richtig zu verstehen.

Im Mittelpunkt dieses Kapitels steht im Praxisbuch das Kommunikationsmodell des NLP. Es erklärt, wie genau unsere Wahrnehmung die objektive Realität „filtert", was daraus in Bezug auf menschliches Verhalten, Emotionen, Chancen und Begrenzungen im Denken und im Lernverhalten folgt und welche Kommunikationsstrategien zu Klarheit, Korrekturen und Veränderungen führen können.

In diesem Zusammenhang lernen Sie drei Modelle mit hoher Praxisrelevanz für den pädagogischen Alltag kennen:

1. Das Repräsentationssystem der Sprache: Wie Sprache und inneres Erleben miteinander korrespondieren und welche Schlüsse sich daraus für eine motivierende Sprache im Unterricht ergeben (Übungen 35 – 39; dazu eine Tabelle zur Ermittlung individueller Repräsentationssysteme, vgl. Tab. 4.1).
2. Das Metamodell der Sprache: Fragetechniken, die dazu dienen, das Modell der Wirklichkeit eines Menschen besser zu verstehen und sein Veränderungspotenzial zu identifizieren (Übungen 40 und 41; dazu: 120 Übungskarten zum Einstudieren der Fragetechnik, ab Seite 53).
3. Das Milton-Modell: hypnotische (suggestive) Sprachmuster, die in bestimmten Kontexten lernfördernd wirken. Dieses wirkt implizit bei allen Anker-Übungen (z. B. Übung 22, 27 und 29) sowie als Hilfen für Schüler mit Lernblockaden in „Übung 59 – Worte, die **Mut machen**" (Seite 100) mit und wird deshalb in diesem Kapitel nicht extra bearbeitet.

Tabelle zur Ermittlung des bevorzugten Repräsentationssystems

Sie können diese Tabelle in den folgenden Übungen nutzen.[4]

visuell	auditiv	kinästhetisch	olfaktorisch / gustatorisch	vestibulär[4]
bildlich	vertont	fühlen	bitter	das haut mich um
sehen	hören	spüren	salzig	schwankend
vorstellen	lauschen	weich	duftend	wacklig
hell	verstehen	rau	riechen	den Boden unter den Füßen verlieren
leuchtend	klingen	glatt	süß	„der fliegt" (seine Gedanken fliegen)
blau	summen	schwer	sauer	lass dich nicht hängen
perspektivisch	sagen	empfinden	beißend	schwindlig
klar	rufen	unsensibel	frisch	hin und her gerissen
finster	laut	drücken	schal	kopflos
düster	schreien	gewichtig	modrig	
glänzend	sprechen	kalt	verfault	
verschwommen	leise	warm	fad	
strahlend	stimmig	biegen	rauchig	

4 Im NLP, wie es derzeit gelehrt wird, gibt es keine sprachliche Repräsentation des vestibulären Sinnes. Doch muss er unseres Erachtens aufgrund der Erkenntnisse der Neurowissenschaften hinzugefügt werden – deshalb haben wir es hier getan.

visuell	auditiv	kinästhetisch	olfaktorisch / gustatorisch	vestibulär[4]
dunkel ausmalen Umriss farbig beschreiben eckig neblig horizontal zeigen weitsichtig scheinen leuchten sichtbar horizontal	dröhnen rhythmisch musikalisch stöhnen pfeifen ratschen kreischen brummen läuten brüllen surren nachfragen verstehen	intensiv stark sensibel spannend erleben annehmen hängen greifen körnig feucht glatt begreifen streicheln anfassen anrühren	scharf parfümiert stinkig duftig	

Tabelle 4.1: Die sinnesspezifischen Worte der Repräsentationssysteme der Sprache

4.1 Das Repräsentationssystem der Sprache praktisch nutzen

Übung 35 – Ermitteln des individuellen Repräsentationssystems der Sprache

Erzählen Sie im Kreis der Familie oder vor Freunden eine kleine Geschichte. Es darf ein Urlaubserlebnis sein, eine besondere Begebenheit im Unterricht, eine Jugenderinnerung, eine erfundene Geschichte … Hauptsache ist, dass Sie viele Details erzählen können, Ihre eigenen Worte nutzen (also kaum Zitate) und dass Sie ungefähr fünf, besser zehn Minuten reden.

Ihre Zuhörer machen sich vorher mit der *Tabelle der sinnesspezifischen Worte* vertraut und zählen mittels einer Strichliste alle Worte mit, die einer der Sinneskategorien zugeordnet werden können:

Visuelle Worte:	Auditive Worte:	Kinästhetische Worte:	Olfaktorische / gustatorische Worte:	Vestibuläre Worte:

Auswertung: Welche Worte haben Sie am meisten genutzt? Damit haben Sie ein gutes sprachliches Indiz für Ihr bevorzugtes Repräsentationssystem und wissen jetzt, was Ihr „Heimspiel“ ist: Angenommen, Sie wären der auditive Typ. Dann verstehen Sie jetzt leichter, warum schräge Töne und Lärm in der Klasse Ihnen nervlich besonders zu schaffen machen und Sie manchmal am liebsten davonlaufen möchten. Als visueller Typ legen Sie vielleicht besonderen Wert darauf, dass in der Klasse alles an seinem Platz ist und die Schülerinnen Ordnung halten. Vielleicht leiden Sie unter dem Neonlicht am Wintermorgen in der Klasse und freuen sich mehr als andere über den Adventskranz auf dem Lehrertisch. Und als Kinästhet lieben Sie Materialien, die sich in der Hand gut anfühlen. Ein überheiztes oder zu kaltes Klassenzimmer ist für Sie unter Umständen unerträglich. Sie fühlen Schmerz, wenn Schüler gegeneinander gewalttätig sind – fast, als richte sich die Aggression gegen Sie.

Übung 36 – Sinnesspezifisch sprechen

Wenn Sie herausgefunden haben, welcher Sinn bei Ihnen der einflussreichste ist, können Sie beginnen zu üben: Erzählen Sie erneut eine Geschichte, es darf ruhig die gleiche sein wie in Übung 35, und dann wechseln Sie mitten in der Erzählung den Sinneskanal. Sie beginnen wieder mit Ihrem eigenen System. Wenn dieser beispielsweise auditiv ist, nutzen Sie eine Minute einfach Ihre gewohnte auditive Wortwahl. Das ist noch ganz einfach. Dann, nach einer Minute, wechseln Sie bewusst in den visuellen Kanal. Nach einer weiteren Minute sprechen Sie kinästhetisch weiter. Zwischendurch verwenden Sie eine Minute lang nur olfaktorische, gustatorische oder vestibuläre Worte. Wundern Sie sich ruhig, wie schwierig das am Anfang ist. Sie werden sich einige Male verhaspeln – garantiert! Doch Übung macht den Meister!

Experimentieren Sie damit eine Weile, bis Sie im Wechsel der Sinnessysteme einigermaßen sicher sind.

Übung 37 – Optimierung Ihrer Sprechwirkung: Schneller Wechsel in andere Repräsentationssysteme

Dann folgt der nächste Übungsschritt: Sie wechseln in kürzeren Intervallen, möglichst in einem Satz oder in einer kurzen Sequenz Ihrer Rede.

Ein Vorschlag für den Literaturunterricht, den Sie gern für Ihre Bedürfnisse abwandeln können:

„Wenn Ihr diesen Brief in den *Leiden des jungen Werther* lest und euch die Szene vor eurem inneren Auge vorstellt, … und wenn ihr gleichzeitig in eurer Fantasie die Worte hört, die Werther zu Lotte spricht – also ich meine: wirklich hört, wie Werther klingt, … was glaubt ihr, fühlte er dabei? Und was fühlt ihr?“

„Und wenn man diesen Brief Werthers auf das heutige Leben übertragen würde – also eine unglückliche Liebe ähnlich die des jungen Mannes um 1770, und ihr schreibt das Drehbuch: Wie sähe die Szene heute, drei Jahrhunderte später, aus? An welchem Ort könnte das sein, was wäre da zu sehen? Was würde das unglückliche Paar hören, und welche Worte würden sie einander sagen, heute, in der typischen Sprache deiner Generation? Wie würde sich das anfühlen, wenn du dir vorstellst, du wärest heute der junge Werther? Oder du wärest Lotte? Und wie würden Werther und Lotte dastehen oder sitzen, wie wäre ihre Körperhaltung?“

Übung 38 – Eine Botschaft – drei Formulierungen

Jede Kommunikation kann durch verschiedene Prädikate in einem anderen Repräsentationssystem wiedergegeben werden. Im Sinne von Rapport ist es sehr wichtig, über Kreuz übersetzen zu können und dabei den ursprünglichen Sinn beizubehalten.

Übersetzen Sie diese Aussagen ins visuelle, auditive und kinästhetische Repräsentationssystem:

1. Bedeutung: Ich weiß (nicht), was du meinst.

Mögliche Lösungen:
Kinästhetisch: *Ich habe noch (nicht) das Gefühl, dass ich begriffen habe.*
Visuell: *Ich sehe (nicht), was du meinst.*
Auditiv: *Ich verstehe dich (nicht).*
Gleichgewicht: *Ich bin hin- und hergerissen.*

2. Bedeutung: Ich möchte dir etwas mitteilen.

Mögliche Lösungen:
Kinästhetisch: *Ich möchte, dass du das begreifst.*
Visuell: *Ich möchte dir etwas zeigen (ein Bild davon geben).*
Auditiv: *Ich möchte, dass du sorgfältig auf das hörst, was ich dir sage.*
Gleichgewicht: *Ich möchte dir meinen Standpunkt deutlich machen.*

3. Bedeutung: Lass mich an deiner Erfahrung teilhaben.

Mögliche Lösungen:
Kinästhetisch: *Wie genau fühlt sich das für dich an? Ich begreife das noch nicht.*
Visuell: *Beschreibe mir deutlich, damit ich mir ein Bild machen kann.*
Auditiv: *Erzähle mir genauer, was du jetzt sagen möchtest.*
Gleichgewicht: *Deine Argumente stehen auf wackligen Beinen.*

4. Bedeutung: Wir machen eine gute Erfahrung zusammen.

Mögliche Lösungen:
Kinästhetisch: *Das gibt mir ein gutes Gefühl. Ich habe ein gutes Gefühl bei dem, was wir tun.*
Visuell: *Jetzt sehe ich ganz deutlich, dass die Richtung stimmt.*
Auditiv: *Das hört sich für mich stimmig an.*
Gleichgewicht: *Das ist für mich eine stabile Basis.*

5. Bedeutung: Bist du einverstanden?

Mögliche Lösungen:
Kinästhetisch: *Fühlt sich der Vorschlag gut für dich an?*
Visuell: *Siehst du, was ich dir deutlich machen will?*
Auditiv: *Hört sich das, was ich dir sage, für dich gut an?*
Gleichgewicht: *Ist das für dich ausgewogen?*

Übung 39 – Bestimmen des Repräsentationssystems und Übersetzen in ein anderes

Bestimmen Sie bei den folgenden Aussagen das angesprochene Repräsentationssystem und übersetzen Sie, indem Sie in einem anderen Repräsentationssystem antworten:

1. Ich kann ihnen nicht erklären, wie es zu dem Streit kommen konnte.
2. Wenn sie gesehen hätten, wie der mich angeguckt hat, wüssten sie, warum ich ausgerastet bin.
3. Ich fühle mich unwohl, wenn ich an die Hausaufgaben denke. Ich pack das sicher nicht, die zu lösen.

Lesen Sie sich Ihre Lösungen durch und spüren Sie, welche Antwort Ihnen leicht über die Lippen geht und sich gut anfühlt.

Lösungen:

1. Die Aussage ist auditiv.
   Mögliche Antworten:
   - Visuell: Dann beschreib mir den Hergang ganz genau, damit ich mir ein Bild machen kann.
   - Kinästhetisch: Welche Gefühle hat der Streit in dir ausgelöst? Ich habe immer noch nicht begriffen, wie es dazu kommen konnte.

2. Die Aussage ist visuell.
   Mögliche Antworten:
   - Auditiv: Na, dann erklär mir doch noch mal, was genau passiert ist.
   - Kinästhetisch: Und dieser Blick hat in dir eine derartige Wut ausgelöst, dass du auf ihn losgehen musstest?

3. Die Aussage ist kinästhetisch.
   Mögliche Antworten:
   - Auditiv: Du hast keinen Überblick über die Aufgaben und glaubst, die Lösung nicht allein entdecken zu können?
   - Auditiv: Wenn ich dir die Aufgabe jetzt noch einmal erkläre, sagt dann deine innere Stimme immer noch, dass du das allein nicht schaffst?
   - Gustatorisch: Es schmeckt dir wohl nicht, dich zuhause allein an die Lösung zu setzen?

4.2 Das Metamodell der Sprache – im Schulalltag

Worum geht's in diesem Abschnitt?

Das Metamodell stellt Gruppen von Fragen zur Verfügung, die viele Generalisierungen, Tilgungen und Verzerrungen bewusst machen und korrigieren. Dies bringt Klarheit in die Kommunikation, lässt Menschen ihre Irrtümer leichter erkennen und fördert Veränderung und Entwicklung. Aus NLP-Sicht ist die Fragetechnik unverzichtbar für alle Prozesse, deren Erfolg von klarer Kommunikation abhängt, etwa in Pädagogik, Lehre, Therapie, Führung und Coaching. Im „NLP-Praxisbuch für Lehrer" haben wir die Metamodell-Kategorien und -Muster erläutert, auf die sich die Übungen 40 und 41 beziehen. Es kommt dabei nicht darauf an, dass Sie die richtige Kategorie kennen, sondern in Richtung Lösung lenkende Fragen stellen. Fragen, die das Problem vertiefen, führen hingegen von der Lösung weg. Beispiel:

Finn sagt: „Tim benimmt sich mir gegenüber immer scheiße!"

Lehrer antwortet: „Was genau macht Tim?"

Die Metamodellfrage ist zwar im Sinne des Modells richtig gestellt – führt jedoch tiefer in die Problembeschreibung und ist daher nicht lösungsorientiert. Auch Fragen wie: „Kannst du das mal anständig ausdrücken?" oder „Warum glaubst du, dass Tim sich so verhält?" enthalten kein Lösungspotenzial im Sinne des Metamodells. Zielführend ist dagegen zum Beispiel:

„Was wünscht du dir von Tim, wie er sich dir gegenüber verhalten soll?"

Diese Antwort fokussiert darauf, was Tim verändern soll. Sie können auch auf die Generalisierung abzielen:

„Benimmt sich Tim dir gegenüber *immer* nur scheiße[5] – seitdem ihr euch kennt?"

Ideal ist, Finn hätte hierauf eine eigene Antwort, die seine Generalisierung („immer") aufhebt. Falls nicht, ist es gut, wenn Sie eine Ausnahme wüssten: „Hat er dir nicht neulich, als du krank warst, die Hausaufgaben nach Hause gebracht?" Durch die Ausnahme darf das Kind jedoch nicht „überführt" werden. Das wäre bei folgender Formulierung der Fall: „Das stimmt doch nicht, gestern war er sehr freundlich zu dir."

Übung 40 – Die richtigen Fragen stellen

Stellen Sie zu den folgenden Aussagen eine lösungsweisende Metamodell-Frage. Machen Sie sich einen Moment lang Gedanken darüber und schreiben Sie mögliche Fragen auf, bevor Sie unsere Lösungsvorschläge lesen.

1. Ich kann die Hausaufgaben heute nicht machen.
2. Ich will keinen Stress mit meinen Eltern bekommen.
3. Immer regen Sie sich gleich so auf.
4. Wenn Sie schon so gucken, dann weiß ich, dass der Tag gelaufen ist.
5. Bestimmt denkt meine Mutter, dass ich nicht gelernt habe, wenn ich ihr die Vier zeige.
6. Wenn ich nachher nach Hause komme, hat mein Vater schon wieder schlechte Laune.
7. Wenn ich morgen die Arbeit mit einem guten Ergebnis schreibe, werden meine Eltern glücklich sein.
8. Ich kann das nicht.
9. Die anderen machen das mit links und schneiden immer besser ab.
10. Man muss nachgeben, damit es keinen Ärger gibt.

---

5 Die Wiederholung des Wortes Ihres Schülers kann in diesem Fall sprachliches Pacen sein und Nähe schaffen. Sie dürfen sich aber auch nicht „anbiedern", um dem Schüler zu gefallen. Wenn Ihnen dieser Sprachgebrauch also zuwider ist, formulieren Sie es einfach gemäßigter: „Benimmt sich Tim dir gegenüber immer so?"

Lösungen und Hinweise:

1. „Ich kann die Hausaufgaben heute nicht machen", enthält eine Verneinung des Wortes „kann" und damit einen Modaloperatoren der (Un-)Möglichkeit. Die dazu passende Frage lautet: „Was hält dich davon ab, deine Hausaufgaben zu machen?" Sie macht mögliche Hindernisse transparent, die der Lehrer nicht kennen kann, und die Anlass für weitere Gespräche oder pädagogische Interventionen sein können. Zum Beispiel wird der Schüler antworten:
   - Ich habe es nicht verstanden.
   - Ich habe heute keine Zeit.
   - Ich bin mit anderen Fächern überfordert.
   - Ich habe eine wichtige Verabredung.
   - Ich muss meinen Eltern helfen.
   - Ich habe keine Lust.

2. „Ich will keinen Stress mit meinen Eltern bekommen". Diese Aussage können Sie mit mehreren Metamodell-Fragen kontrastieren, z. B. können Sie die darin enthaltene Vorannahme hinterfragen: „Woher weißt du, dass du Stress mit deinen Eltern bekommst?" Das könnte tiefer ins Problem führen, wenn die Schülerin es tatsächlich gewohnt ist, zuhause Ärger zu bekommen. Deshalb kann es besser sein, Sie hinterfragen die befürchteten Folgen:

   „Was würde passieren, wenn du Stress mit deinen Eltern bekommst?"

   Angenommen, die Schülerin antwortet:

   „Mein Vater redet dann zwei Wochen nicht mehr mit mir."

   Stellen Sie eine vertiefende Frage:

   „Wie wahrscheinlich ist es, dass dein Vater 14 Tage lang nicht mehr mit dir redet?"

   Damit hinterfragen Sie, ob die Schülerin mit einer Vermutung übertreibt oder ob ihre Worte auf häuslicher Realität beruhen. In beiden Fällen wären Sie näher zur Tiefenstruktur der Erfahrung gerückt: Sollte die Schülerin bestätigen, dass ihr Vater sie mit Liebes- und Aufmerksamkeitsentzug straft, würde sie Ihnen damit eine wichtige Information über sich und damit Erklärungen für bestimmte Verhaltensweisen in der Schule geben. Das könnte Ihr Hebel für eine Intervention, zumindest aber Grundlage für vertieftes Verständnis sein.

3. „Immer regen Sie sich gleich so auf", enthält die Generalisierung „immer". Diese können Sie so hinterfragen: „Immer, wirklich immer? Bin ich in ähnlichen Situationen noch nie ruhig geblieben?"

   Variante 1: „Bei den anderen bleiben Sie ruhig, bei mir regen Sie sich auf." Das ist Anlass für Ihre Selbstreflexion: Wie kommt es, dass dieser Schüler Sie so erlebt? Antworten Sie jetzt keinesfalls mit „Das stimmt doch nicht", sondern zum Beispiel: „Erzähl mir, wie du zu dieser Einschätzung kommst."

   Variante 2: Der Schüler antwortet nicht auf Ihre Frage oder sagt etwas wie „Na ja, immer nicht, aber …" Das ist Anlass für eine Vertiefung: „Weißt du, was mich dieses Mal so aufgeregt hat?"

   Beide Varianten ermöglichen ein lösungsorientiertes Gespräch. Antworten wie: „Ich rege mich nicht immer auf, sondern jetzt" oder „Ich rege mich ja wohl zu Recht auf", vertiefen dagegen die Dissonanz zwischen Ihnen und dem Schüler.

4. „Wenn Sie schon so gucken, dann weiß ich, dass der Tag gelaufen ist." – Hier wird eine Ursache-Wirkung konstruiert. Die Metamodell-Fragen:

   „Inwiefern bedeutet mein Blick, dass der Tag für dich gelaufen ist?" (Stellt die Kausalität von Ursache und Wirkung in Frage.)

   „Was bedeutet für dich, dass der Tag gelaufen ist?" (Hinterfragt die Konsequenz und gibt Ihnen evtl. eine Auskunft darüber, wie Sie auf den Schüler wirken. Vielleicht war Ihnen das nicht bewusst, und Sie möchten das ändern oder erklären.)

5. „Bestimmt denkt meine Mutter, dass ich nicht gelernt habe, wenn ich ihr die Vier zeige." Diese Aussage gehört zum Metamodell-Muster „Gedanken lesen" und kann hinterfragt werden mit: „Woher weißt du, was deine Mutter denkt?" Die Frage zielt darauf ab, zu erfragen, ob es sich bei der Aussage um eine Vermutung oder eine konkrete Erfahrung handelt.

6. „Wenn ich nachher nach Hause komme, hat mein Vater schon wieder schlechte Laune." – Vorannahme. Sie können diese hinterfragen mit:

   „Dein Vater hat heute schlechte Laune?"

   „Woher weißt du jetzt schon, dass dein Vater heute schlechte Laune hat?"

   Auch hier geht es darum, herauszufinden, ob der Schüler sich auf eine konkrete Erfahrung bezieht, etwa, weil es Streit gab oder die Familie in einer Krise steckt. Es kann aber auch sein, dass der Schüler reflektiert: „Ja, woher weiß ich das eigentlich?" In diesem Fall hätte er einen Lernfortschritt erzielt: Der Gedanke „Vater hat schlechte Laune" schwächt den Schüler emotional nämlich bereits lange, bevor aus der Vorannahme Wirklichkeit werden kann. Das beeinträchtigt unter Umständen seine Leistungsfähigkeit.

7. „Wenn ich morgen die Arbeit mit einem guten Ergebnis schreibe, werden meine Eltern glücklich sein." Hier unterstellt die Schülerin eine kausale Verbindung zwischen Ursache (gute Note) und Wirkung (glücklich sein). Ist das harmlos? Dann würden Sie auf Ihre Metamodellfrage auch eine harmlose Antwort erhalten, etwa:

   „Eine gute Note macht deine Eltern glücklich?"

   „Na ja, die freuen sich dann sehr und schenken mir irgendetwas."

   Vielleicht setzen die Eltern das Kind aber auch unter einen enormen Leistungsdruck – „Wenn du schlecht in der Schule bist, machst du uns unglücklich." Die Folgen haben wir im „NLP-Praxisbuch für Lehrer" in Kapitel 7 „Umgang mit Schulangst und Lernblockaden" beschrieben. Dann führt die Antwort auf Ihre Metamodell-Frage möglicherweise zu einem vertieften Verständnis für die Schülerin und zu einer Idee für ein Elterngespräch.

8. „Ich kann das nicht", enthält eine Tilgung. Die Metamodellfrage zielt darauf ab, das fehlende Element kennenzulernen – und damit zu erfahren, wo genau die Lücken liegen:

   „Was genau kannst du nicht?" (Keinesfalls: „Versuch es doch erst einmal!")

   Variante 1: Wenn der Schüler Ihnen konkret sagt, was er nicht kann, hat er das Problem eingegrenzt und kann gezielt üben.

   Variante 2: Der Schüler antwortet: „Nichts!" Dann könnten Sie hinterfragen: „Nichts, wirklich gar nichts?" Schweigen. „Oder ist es vielleicht so, dass du schon könntest, aber nicht willst?"

   In diesem Fall (Variante 2) empfehlen wir Ihnen die beispielhaften Gespräche „Ich kann das nicht kapieren" und „Ich hab keinen Bock auf Schule" im entsprechenden Kapitel im Praxisbuch (s. Praxisbuch S. 97 ff).

9. „Die anderen machen das mit links und schneiden immer besser ab!“ – Diese Aussage enthält eine Tilgung, einen Vergleich, eine Vorannahme und eine universelle Quantifizierung. Je nach Zielrichtung können Sie folgendermaßen hinterfragen:
   - Tilgung (das fehlende Element heraus arbeiten): „Was genau machen die anderen mit links?“
   - Vergleich (die Vergleichskriterien offenbaren): „Verglichen mit wem schneiden sie besser ab?“
   - Vorannahme (wie kommt der Schüler darauf?): „Woher weißt du, dass die anderen das mit links schaffen?“
   - Universelle Quantifizierung (durch Suchen nach der Ausnahme den Glaubenssatz entmachten): „Immer, wirklich immer? Hast du noch nie gut abgeschnitten?“

10. „Man muss nachgeben, damit es keinen Ärger gibt.“ – In dieser Aussage wird eine Bewertung zum allgemeinen Gesetz erklärt, ohne den Bewerter zu benennen. Solche „Man …“-Aussagen werden hinterfragt mit:
    „Wer sagt das?“
    „Wer sagt, dass man nachgeben muss?“
    „Wer sagt, dass es Ärger gibt, wenn man nicht nachgibt?“
    „Was für Ärger gibt es, wenn du nicht nachgibst?“

    Keinesfalls aber: „So schlimm wird es schon nicht werden“. Die Aussage „Na ja, dann gibst du halt nach“ ist nur dann geeignet, wenn der Schüler Ihnen berichtet, welche Art von Ärger er befürchtet und dies auf Erfahrung basiert. Besser ist es, er formuliert selbst: „Ich gebe in diesem Fall nach, weil mir das gute Verhältnis zu meinen Mitschülern wichtiger ist, als Recht zu haben.“ Damit wird der Schüler, der in der vorhergehenden Formulierung ein Opfer war, zum Entscheidungsträger.

Übung 41 – Metamodell-Übungskarten

Im Folgenden finden Sie je 12 Übungskarten zu jedem der zehn Metamodell-Muster, wie sie im Praxisbuch erläutert werden:

1. Tilgung,
2. Vergleich,
3. Nominalisierung,
4. Modaloperatoren der Notwendigkeit
5. Modaloperatoren der (Un-)Möglichkeit,
6. Universelle Quantifizierungen,
7. Präsuppositionen / Vorannahmen,
8. Ursache-Wirkung,
9. Gedankenlesen,
10. Anonyme Performanz.

Auf der Vorderseite finden Sie jeweils einen typischen Satz aus dem Schulalltag, wie er von Schülerinnen, Eltern oder Kollegen geäußert werden könnte. Trainieren Sie die entsprechenden Metamodell-Fragen dazu. Sie hinterfragen damit die gedanklichen Konstruktionen Ihres Gesprächspartners, und dies umso wirksamer, je schneller und spontaner sie daherkommen: Trainieren Sie damit also gleichzeitig Ihre Schlagfertigkeit. Auf der Rückseite einer jeden der 120 Karten finden Sie einen Lösungsvorschlag.

Bitte beachten Sie bei der Bearbeitung: Bei manchen Äußerungen sind mehrere Metamodell-Fragen möglich. Es kommt darauf an, was Sie mit Ihrer Frage bewirken möchten. Beispiel:

„Anpassungsfähigkeit ist eine wichtige Voraussetzung für Erfolg“.

Für diese Aussage haben wir auf der entsprechenden Karte das Metamodell-Muster „Anonyme Performanz“ gewählt. Wenn Sie diese als Gesetz daherkommende Formulierung jedoch lieber mit der Frage nach der Urheberschaft kontrastieren möchten, fragen Sie einfach: „Wer sagt das?“ Wollen Sie die behauptete kausale Logik (oder wohl besser: Unlogik) aufdecken, stellen Sie die Ursache-Wirkungs-Beziehung infrage und formulieren: „Inwiefern führt Anpassung dazu, erfolgreich zu sein?“ Schließlich können Sie auch die universelle Quantifizierung hinterfragen: „Sind Anpasser wirklich immer erfolgreich?“

Metamodell-Muster: Tilgung		
	Das gefällt mir nicht.	Ich hab keinen Bock.
	Das können Sie so nicht machen.	Mir ist langweilig.
	Ich brauch mehr Ruhe.	Ich will Spaß haben.
	Sie können nicht erklären.	Mein Kind braucht mehr Verständnis.
	Wir haben mehr von Ihnen erwartet.	Sie enttäuschen uns.
	Das bringt nichts.	Wir werden uns über Sie beschweren.

Worauf genau hast du keinen Bock? Keinen Bock – was genau meinst du damit?	Was genau gefällt dir nicht?	Metamodell-Muster: Tilgung
Langweilig? Was meinst du mit langweilig?	Was genau kann ich nicht machen?	
Was genau bedeutet für dich Spaß haben?	In welcher Beziehung brauchst du mehr Ruhe?	
In welcher Beziehung sollte ich Ihr Kind besser verstehen?	Was genau kann ich nicht so erklären, dass du es verstehst?	
Was genau enttäuscht Sie?	Was genau haben Sie von mir erwartet?	
Worüber wollen Sie sich beschweren?	Was genau bringt nichts?	

Metamodell-Muster: Vergleich

Die sind sowieso besser.	Ihr seid die schlechteste Klasse.
Wieso ziehen Sie die anderen immer vor?	Frau X ist viel lockerer.
Lisa ist viel schlauer.	Der ist auch nicht besser.
Die Klasse 9 b versteht mich besser als die 9 a.	In anderen Schulen regeln die ihre Probleme schneller.
Unser Sohn wird immer schlechter behandelt.	Finden Sie das gerecht, die Mädchen immer so vorzuziehen?
Lehrer sind fachlich besser.	Lehrerinnen sind netter.

Verglichen mit wem sind wir die schlechteste Klasse?	In welcher Beziehung sind sie besser?
Verglichen mit wem ist Frau X lockerer?	Wer sind die anderen? In welcher Beziehung fühlst du dich benachteiligt?
Wer ist der? Verglichen mit wem ist er nicht besser?	Verglichen mit wem ist Lisa schlauer?
Schneller als wer? Was bedeutet für Sie schneller?	Inwiefern versteht Sie die 9 b besser als die 9 a?
Was verstehst du unter gerecht? Verglichen mit wem ziehe ich die Mädchen vor?	Verglichen mit wem wird Ihr Sohn schlechter behandelt?
Netter als wer?	Besser als wer?

Metamodell-Muster: Vergleich

Metamodell-Muster: Nominalisierung	Das bringt nur Frust.	Diese Entscheidung treffe ich nicht allein.
	Verantwortung trägt auch die Klasse.	Die Enttäuschung sitzt sehr tief.
	Ich finde die Einmischung der Eltern unangemessen.	Diese Auseinandersetzung wird Konsequenzen für Sie haben.
	Ich hätte eine bessere Leistung erwartet.	Du solltest mehr Zurückhaltung üben.
	Die Beschwerde geht direkt an die Schulleitung.	Machen Sie sich auf eine deftige Auseinandersetzung gefasst.
	Für dieses Problem müssen wir eine Regelung finden.	Meine Wut ist sehr groß.

Was wirst du nicht allein entscheiden?	Worüber bist du frustriert?
Was genau enttäuscht dich tief?	Was genau hat die Klasse zu verantworten?
Welche Konsequenzen genau hat es, wenn wir uns hier auseinandersetzen?	In welcher Weise mischen sich die Eltern unangemessen ein?
Bezogen worauf sollte ich mich mehr zurück halten?	In welcher Beziehung muss ich / muss mein Kind mehr leisten?
Worüber genau wollen Sie sich mit mir auseinandersetzen?	Worüber wollen Sie sich bei der Schulleitung beschweren?
Was genau macht dich so wütend?	Was genau wollen Sie regeln? Wie genau wollen Sie das Problem regeln?

Metamodell-Muster: Nominalisierung

Metamodell-Muster: Modaloperatoren der Notwendigkeit

Du brauchst nicht zu denken, dass du mich rumkriegst.	Ich muss diese blöde Note verbessern.
Du sollst dich endlich mal zusammenreißen.	Ich brauche die Unterstützung der Klasse.
Immer müssen Sie sich so aufregen.	Sie brauchen sich hier nicht einzumischen.
Es ist notwendig, die Klasse immer im Auge zu behalten.	Sie müssen sich besser auf den Unterricht vorbereiten.
Sie sollten freundlicher zu uns sein.	Sie müssen uns als Eltern auch verstehen.
Unser Sohn braucht klare Ansagen.	Unsere Tochter muss die Eins schaffen!

Was würde passieren, wenn du sie nicht verbesserst?	Was würde passieren, wenn ich dich rumkriege?	Metamodell-Muster: Modaloperatoren der Notwendigkeit
Was passiert, wenn dich die Klasse nicht unterstützt?	Was würde passieren, wenn ich mich nicht zusammenreiße?	
Was würde passieren, wenn ich mich (nicht) einmische?	Was würde passieren, wenn ich ruhig bliebe?	
Was würde passieren, wenn ich unvorbereitet bin?	Was würde passieren, wenn Sie die Klasse aus den Augen verlieren?	
Was würde passieren, wenn ich Sie nicht verstehe?	Was würde passieren, wenn ich freundlicher wäre?	
Was würde passieren, wenn sie die Eins nicht schafft?	Was würde passieren, wenn er gar keine Ansage bekommt?	

Metamodell-Muster: Modaloperatoren der (Un)-Möglichkeit

Ich darf die Klausur nicht vermasseln.	Ich darf mich mit der Clique nicht anlegen.
Ich kann mich mit meiner Meinung nicht durchsetzen.	Ich kann Ihnen das nicht erzählen.
Ich möchte mich nicht zu weit aus dem Fenster hängen.	Ich will mich ja zusammenreißen.
Ich will dir doch nur eine Enttäuschung ersparen.	Du darfst hier nicht rumschreien!
Das dürfen Sie unserem Sohn nicht durchgehen lassen.	Das ist völlig unmöglich, dass unsere Tochter eine Eins schafft!
Es ist unmöglich, auf unseren Sohn Einfluss zu nehmen.	Sie dürfen nicht so nachgiebig sein.

Was würde passieren, wenn du dich mit der Clique anlegst?	Was würde passieren, wenn du die Klausur vermasselst?
Was hindert dich daran, mir das zu erzählen?	Was hindert dich daran, dich mit deiner Meinung durchzusetzen?
Was hindert dich daran, dich zusammenzureißen?	Was würde passieren, wenn du es doch tust?
Was würde passieren, wenn ich trotzdem schreie?	Was hält dich davon ab, mich nicht zu enttäuschen?
Was hindert Ihre Tochter, eine Eins zu schaffen?	Was würde geschehen, wenn ich es ihm durchgehen lasse?
Was würde passieren, wenn ich nachgiebig bliebe?	Was hindert Sie daran, auf Ihren Sohn Einfluss zu nehmen?

Metamodell-Muster: Modaloperatoren der (Un)-Möglichkeit

Metamodell-Muster: Generalisierungen / Universelle Quantifizierungen

Immer meckern Sie.	Alle Mädchen sind gegen mich.
Alle Jungen sind gemein.	Die Lehrer müssen immer Recht behalten.
In der Schule gibt es immer Stress.	Deutsch hat mir noch nie Spaß gemacht.
Keiner mag mich.	Ich versage immer.
Meine Eltern haben nie Verständnis für mich.	Sie haben nie Verständnis für unser Kind.
Schulleiter halten immer zu den Lehrern, nie zu den Eltern.	Alle Lehrer behandeln unsere Tochter ungerecht.

Metamodell-Muster: Generalisierungen / Universelle Quantifizierungen

Alle? Wirklich alle? Hat noch nie ein Mädchen zu dir gehalten?	Immer? War ich noch nie freundlich zu dir?
Alle Lehrer, wirklich? Kennst du keinen Lehrer, der mal Unrecht hatte?	Alle? Wirklich alle? Hast du noch nie einen netten Jungen erlebt?
Noch nie? Gibt es gar nichts, was an Deutsch auch Spaß machen könnte?	Immer? Wirklich immer? War Schule für dich noch nie stressfrei?
Immer? Du versagst wirklich immer? Wie hast du Sprechen und Laufen gelernt?	Keiner? Dich hat noch nie einer gemocht?
Nie? Wirklich nie? Habe ich Ihr Kind in keiner Situation verstanden?	Niemals? Gab es noch nie eine Situation, in der dich deine Eltern verstanden haben?
Alle? Wirklich alle? War noch nie ein Lehrer zu Ihrer Tochter gerecht?	Wirklich immer? Gab es noch nie einen Schulleiter, der den Eltern Recht gegeben hat?

Metamodell-Muster: Voranahmen

Ab 20 Uhr erlebe ich zuhause wieder den größten Krach.	Morgen werden die wieder auf mich losgehen, wenn ich den Schulhof betrete.
Ich habe Freitag garantiert Bauchschmerzen.	Wenn Frau Meier Donnerstag Vertretung hat, gibt es wieder ein heilloses Durcheinander.
Während der Projekttage werden wir uns köstlich amüsieren.	Wenn wir in der 10. sind, haben wir das Sagen auf dem Schulhof.
Die Klasse 5 a wird enttäuscht sein, dass sie einen neuen Klassenlehrer bekommt.	In der nächsten Woche bin ich garantiert wieder nicht pünktlich.
Sie werden mit uns riesigen Ärger bekommen, wenn wir uns nächste Woche beim Schulleiter treffen.	Dieser Konflikt ist nicht lösbar.
Die Lehrer sind sich einig und haben ihr Urteil schon gefällt.	Beim nächsten Elternsprechtag werden wir wieder stundenlang warten müssen.

Woher weißt du, was morgen passiert?	Zuhause gibt es Krach?
Frau Meier macht Donnerstag Vertretung? Donnerstag gibt es ein Durcheinander?	Woher weißt du, dass du Freitag Bauchschmerzen hast?
Die 10. Klassen haben das Sagen?	Ihr habt Projekttage? An Projekttagen amüsiert ihr euch?
Du kommst nächste Woche unpünktlich zur Schule?	Die 5 a bekommt einen neuen Klassenlehrer?
Woher wissen Sie, dass dieser Konflikt unlösbar ist?	Wir treffen uns nächste Woche beim Schulleiter?
Sie kommen zum nächsten Elterngespräch? Sie sind bereit zu warten?	Die Lehrer fällen Urteile? Die Lehrer sind sich einig?

Metamodell-Muster: Voranahmen

Metamodell-Muster: Ursache – Wirkung

Wenn ich an Mathe denke, wird mir schlecht.	Das Verhalten von X bringt den ganzen Unterricht durcheinander.
Weil Ihr Sohn im Unterricht quatscht, hat er so schlechte Leistungen.	Wenn ich mit der Note nach Hause komme, sind meine Eltern traurig.
Unser Sohn kann sich nicht konzentrieren, weil er verliebt ist.	Wenn ich mich anstrenge, werde ich meine Noten verbessern.
Wenn Sie geduldiger wären, könnten die Schüler den Stoff auch verstehen.	Ihr Blick macht mich wütend.
Weil Sie meiner Tochter eine Vier gegeben haben, schafft sie das Klassenziel nicht.	Sie haben nicht genügend Durchsetzungskraft, sonst würden die Schüler besser gehorchen.
Wenn unsere Tochter darüber nicht mit uns redet, hat sie kein Vertrauen zu uns.	Weil Sie so stur sind, muss unser Sohn das Schuljahr wiederholen.

Wie genau macht X, dass Ihr Unterricht durcheinander gerät?	Inwiefern erzeugen Gedanken an Mathe in dir Unwohlsein?
Wieso bedeutet eine schlechte Note, dass deine Eltern traurig sind?	Inwiefern erzeugt „Quatschen" im Unterricht schlechte Leistungen?
Inwiefern setzt „Note verbessern" voraus, dass man sich anstrengen muss?	Inwiefern erzeugt Verliebtsein, dass Ihr Sohn sich nicht konzentrieren kann?
Wie genau macht mein Blick, dass du wütend wirst?	Inwiefern erzeugt Geduldigsein, dass Schüler den Stoff verstehen?
Wieso setzt „Gehorchen" Durchsetzungskraft voraus?	Inwiefern bedeutet eine Vier, dass Ihre Tochter das Klassenziel nicht erreicht?
Was hat meine Sturheit damit zu tun, dass Ihr Sohn das Schuljahr wiederholt?	Inwiefern bedeutet „Vertrauen", dass Ihnen Ihre Tochter alles erzählt?

Metamodell-Muster: Ursache – Wirkung

Metamodell-Muster: Gedankenlesen		
	Die denken bestimmt, ich will mit ihnen nichts zu tun haben.	Denken Sie ja nicht, dass ich nachgebe!
	Sie denken jetzt sicher, dass ich das Klassenziel nicht mehr erreiche, nach dieser Note …	Sie haben von Anfang an gewusst, dass ich das nicht kann!
	Die Mädchen denken, wir Jungs lassen uns alles gefallen.	Dachten Sie, ich wüsste das nicht?
	Sie denken wohl, mir machen schlechte Noten was aus?	Die denken doch, sie sind die Coolsten.
	Sie denken bestimmt, wir haben unseren Sohn nicht im Griff.	Sie dachten bestimmt, dass das nichts bringt.
	Denken Sie ja nicht, wir lassen uns das gefallen.	Dachte ich es mir doch, dass Sie unsere Tochter nicht mögen.

Woher weißt du, dass ich denke, du gibst nach?	Woher weißt du, was die denken?
Woher weißt du, dass ich das wusste?	Woher weißt du, dass ich denke, bei dieser Note schaffst du das Klassenziel nicht?
Woher weißt du, was ich denke?	Woher weißt du, dass die Mädchen denken, ihr Jungs lasst euch alles gefallen?
Woher weißt du, was die denken?	Woher weißt du, dass ich denke, dir machen schlechte Noten was aus?
Woher wissen Sie, was ich denke?	Woher wissen Sie, dass ich denke, Sie hätten ihren Sohn nicht im Griff?
Woher wissen Sie, dass ich Ihre Tochter nicht mag?	Woher wissen Sie, dass ich denke, Sie würden sich das gefallen lassen?

Metamodell-Muster: Gedankenlesen

Metamodell-Muster: Anonyme Performanz	Man schlägt nicht um sich.	Man muss auch mal die Klappe aufmachen.
	Man darf keine Schwäche zeigen.	Disziplinlosigkeit ist eines Gymnasiasten unwürdig.
	Ihr seid noch viel zu jung dafür.	Anpassungsfähigkeit ist eine wichtige Voraussetzung für Erfolg.
	Man muss begabt sein, um Physik zu verstehen.	Sport ist nichts für dich.
	Eltern tragen für ihre Kinder die Verantwortung.	Man muss sich auf die Objektivität der Noten verlassen.
	Man muss den Lehrer auch erreichen können.	Man kann doch wohl noch seine Meinung ungeschminkt sagen.

Wer sagt das?	Wer sagt das?	Metamodell-Muster: Anonyme Performanz
Wer sagt, dass Gymnasiasten nicht in Würde disziplinlos sein können?	Wer sagt das?	
Wer sagt das?	Wer sagt das?	
Wer sagt, das?	Wer sagt das?	
Wer sagt das?	Wer sagt das?	
Wer sagt das?	Wer sagt das?	

5. | Ohne Worte: Gestik und Mimik

Worum geht's?

In diesem Kapitel vermittelt das „NLP-Praxisbuch für Lehrer“ Anregungen, wie Sie nonverbale Signale lesen und zielgerichtet einsetzen können. Dabei lernen Sie situationsgerechte Strategien für die nonverbale Begleitung Ihrer Worte im Unterricht kennen. Mit den Augenbewegungsmustern und den sogenannten Mikroausdrücken gibt Ihnen das Praxisbuch darüber hinaus Hinweise, wie Sie den inneren Zustand Ihrer Schülerinnen und Schüler gleichsam in deren Gesichtern „lesen“ – und welche Schlüsse Sie daraus ziehen können. Darüber hinaus stellen wir das von uns so bezeichnete „IPO-Kommunikationsmodell“ vor, dass wir zur Einleitung der folgenden Übung hier noch einmal kurz zusammenfassen:

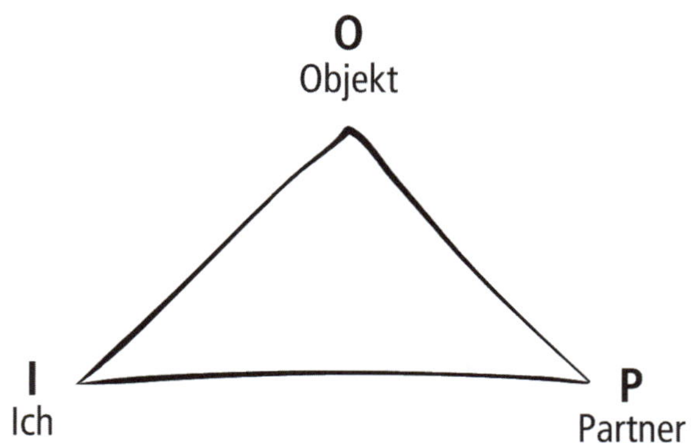

- Im I-Fokus steht die Person, die anderen etwas mitteilen will, im Vordergrund.
- I steht für „Ich“: Für Vorträge, Referate, Informationsvermittlung, Ich-Botschaften ist das der geeignete Fokus.
- Bei einem interessanten Inhalt, der im P-Fokus (Partner) dargeboten wird, steht die Beziehung zu den Kommunikationspartnern im Vordergrund, also der Austausch.
- Im O-Fokus richtet sich die Aufmerksamkeit auf einen „Objektpunkt“. Die Konzentration hierauf hilft den Gesprächspartnern dabei, sich zu konzentrieren, zu dissoziieren und auch ein heikles Thema analytisch zu besprechen.

Übung 42 – Das IPO-Modell: Nonverbale Signale im Unterricht einsetzen

Ziele: Ihre Sprechwirksamkeit nonverbal unterstützen, Ihr Lehrerinnen-Charisma stärken, die Aufmerksamkeit lenken.

Übungspartner erforderlich? Nein. Üben in „echten" Situationen.

Betrachten Sie im folgenden Comic die Körpersprache der Lehrerin und vergleichen Sie ihre Wirkung auf die Klasse. Im ersten Bild (Abb. 5.2) spricht sie im „I-Fokus": Sie ist bei sich:

Abbildung 5.2: Lehrerin im I-Fokus

Im folgenden Ablauf (Abb. 5.3) wechselt die Lehrerin den Fokus mehrmals und unterstützt dies nonverbal. Bitte vergleichen Sie:

Abbildung 5.3: Lehrerin im Fokuswechsel

Erstes Bild – I-Fokus: Finger zeigt auf die Mitte der Brust:
Bevor ich mit …

Zweites Bild – Wechsel zum O-Fokus: Ausgestreckter Arm und Zeigefinger weisen Richtung Tafel, wo der Oberbegriff des neuen Stoffgebietes angeschrieben steht:
… diesem neuen Stoffgebiet beginne …

Drittes Bild – Wechsel zum P-Fokus. Arm oder beide Arme zeichnen einen Kreis, der Lehrer und Schüler miteinander verbindet, das dient der Rapportverstärkung:
… lasst uns zusammenfassen …

Viertes und fünftes Bild – P- und O-Fokus gleichzeitig; die Lehrerin zeigt mit einem Arm jetzt auf die Schüler, mit dem anderen auf das Thema:
… was ihr zu diesem Thema …

Im **sechsten Bild** knüpft die Lehrerin an die Kompetenz der Schüler an (Pacing, Rapport vertiefen) und nutzt darüber hinaus eine motivierende Suggestion, ein hypnotisches Sprachmuster: *… bereits alles wisst.* Es handelt sich um die Vorannahme: „Ich bin überzeugt, ihr wisst bereits viel zu dem Thema, lasst uns gemeinsam sehen, was."

Dieses Zusammenspiel von verbalen und nonverbalen Signalen und Hypnogrammatik spricht das Unbewusste der Schülerinnen und Schüler an. Sie suchen nach dem Wissen, von dem klar ist, dass es vorhanden ist. Das macht sie zu Mitgestaltern des Unterrichts.

Aufgabe: Trainieren Sie die bewusste Anwendung des IPO-Modells an einigen Ihrer Unterrichtseinheiten.

Raum für persönliche Notizen:

Übung 43 – Konflikte entschärfen mit dem IPO-Modell

Wenn Sie eine Kritik oder eine Information übermitteln wollen, die überhaupt nicht positiv ist, geraten Sie mit der P-Kommunikation mitunter in eine heikle Situation: Sie als Person werden unter Umständen mit dem Problem assoziiert. Denn viele Menschen identifizieren schlechte Nachrichten mit dem Überbringer derselben, werden wütend und bestrafen den, den sie als erstes erreichen. Im O-Fokus halten Sie sich aus der Schusslinie und werden nicht mit dem Inhalt einer prekären Nachricht verwechselt.

Üben Sie daher die Anwendung des IPO-Modells in einem Konfliktgespräch mit einem Schüler oder mit Eltern; Beispiel Elterngespräch über die Zensuren ihres Kindes:

- **P-Kommunikation** (Blickkontakt, Austausch von Freundlichkeiten, Rapportaufbau).
- Nach einer Weile legen Sie das Notenheft oder eine Notiz mit den Zensuren eine knappe Armlänge von sich und den Eltern entfernt auf den Tisch und wechseln zur **O-Kommunikation**: Sie zeigen auf das Objekt und sagen: „Ich habe Sie hergebeten, um mit Ihnen über Lisas Zensuren zu sprechen, und wie wir Ihr Kind unterstützen können."

Abbildung 5.4: Lehrer in P-Kommunikation zu einem kritischen Sachverhalt. Seine Worte und seine nonverbale Kommunikation sind geeignet, die Eltern in einen Problemzustand zu führen – statt in einen ressourcevollen Zustand, der die Suche nach Lösungen erleichtert. Zudem besteht bei dieser Art der Kommunikation die Gefahr, dass die Eltern den Lehrer mit dem Problem „assoziieren", also den Überbringer der schlechten Botschaft als Verursacher derselben verwechseln.

Abbildung 5.5: Dieser Lehrer beginnt das Gespräch mit Rapport-Aufbau in I-Kommunikation (Ich habe ...) und wechselt dann sofort in die P-Kommunikation (... Sie hergebeten , um mit Ihnen ...). In Bild 2 lenkt er die Aufmerksamkeit der Eltern auf das vor ihm liegende Heft und wechselt dabei in die O-Kommunikation (Bild 3). Nun reden die Gesprächspartner *über* einen Sachverhalt, nämlich Lisas Zensuren, und können dabei dissoziiert bleiben. Die Eltern werden mit großer Wahrscheinlichkeit Zugang zu ihren Lösungsressourcen finden, statt sich angegriffen zu fühlen.

Hinweis: Wir empfehlen Ihnen, für die Übungen 42 und 43 gleich echte Situationen zu wählen. Keine Sorge: Niemand weiß, dass Sie noch üben! Achten Sie auf die Reaktion der Schülerinnen bzw. Ihrer Gesprächspartner. Alternativen, falls Sie doch noch zu unsicher sind: Partnerübung mit Kollegen oder guten Freunden mit anschließendem Feedback oder alleine arbeiten vor einem großen Spiegel oder ein speziell auf diese Methodik zugeschnittenes angeleitetes Rhetorik-Training.

5.1 Augenbewegungsmuster

Übung 44 – Was die Augen uns erzählen – Vorübung

Ziele: Erkennen, wie die Augenbewegungen das bevorzugte Sinnessystem (die innere Erfahrungswelt) widerspiegeln. Nutzen dieser Kenntnisse für den Rapport und zur Förderung Ihrer Schüler.

Übungspartner erforderlich? Ja.

Bei dieser Übung hilft Ihnen die Abbildung der Augenbewegungsmuster auf Seite 113 im *NLP-Praxisbuch für Lehrer.* A führt B durch folgende Fragen und Aussagen in verschiedene Sinneskanäle. A beobachtet dabei die Augenbewegungen von B. Diese Übung funktioniert nur, wenn B wirklich den jeweiligen Sinneskanal für seine Erinnerung oder Konstruktion nutzt. Daher muss A ihm ein wenig Zeit geben.

1. Sieh vor deinem inneren Auge die Haarfarbe deiner Mutter.
2. Wie würdest du mit lila Haaren aussehen?
3. Was hast du gespürt, als du die erste Liebeserklärung bekamst?
4. Höre deine Lieblingsmusik in deinem inneren Ohr.
5. Wie klang die Stimme deines Lieblingslehrers?
6. Wie klingt es, wenn du dich innerlich selbst lobst / kritisierst?
7. Sieh vor deinem inneren Auge die Farbe der Haustür deiner ersten Wohnung.
8. Wie fühlt es sich an, eine Katze / einen Igel anzufassen?
9. Sieh vor deinem inneren Auge die Augenfarbe deines Mathelehrers.
10. Wie klingt die Stimme deines Vaters, wenn er sauer auf dich ist?
11. Und wie sieht er dann aus?
12. Wie würde es klingen, wenn ein Hund (oder irgendein Tier, das du kennst) sprechen könnte?
13. Wie klingt die Stimme deines Freundes, wenn er King Kong wäre?
14. Wie klingt deine Stimme, wenn du glücklich bist?

Lösungen:
1 visuell erinnert – 2 visuell konstruiert – 3 kinästhetisch – 4 auditiv erinnert – 5 auditiv erinnert – 6 innerer Dialog – 7 visuell erinnert – 8 kinästhetisch – 9 visuell erinnert – 10 auditiv erinnert – 11 visuell erinnert – 12 auditiv konstruiert – 13 auditiv konstruiert – 14 auditiv erinnert

Variationen zum Vertiefen

1. Schreiben Sie die Aussagen und Fragen (1.–14.) auf 14 „Lose". A liest jedes Los und befolgt die Anweisung ohne Worte. B beobachtet die Augenbewegungen, ohne den Inhalt der Lose zu kennen, und schreibt jede Lösung auf ein Blatt.
2. Nehmen Sie einen dritten Übungspartner – C – hinzu, der sich ebenfalls mit den Augenbewegungsmustern vertraut macht. C erhält Ohrstöpsel und stellt sicher, dass er nichts hört. Dann liest B den Text auf den Losen vor, und A befolgt die Anweisungen ohne Worte. B und C beobachten, doch C weiß nicht, was gesagt wurde. Beide schreiben auf, welche Augenstellung sie bei welcher Anweisung gesehen haben und vergleichen am Schluss ihre Ergebnisse.

Übung 45 – Augenbewegungen bei Schülern lesen

Nachdem Sie eine Weile im privaten Rahmen geübt haben, aus den Augenbewegungen den bevorzugten Sinneskanal zu ermitteln, können Sie dies auf den Unterricht übertragen. Hier einige Hinweise:

- Sie können die Anweisungen und Fragen aus der Übung 44 leicht in ein lustiges Spiel im Unterricht integrieren, etwa zur Auflockerung. Während dabei die Schülerinnen ihren Spaß haben, beobachten Sie die Augenbewegungen der Antwortenden.
- Wenn Sie einen Schüler näher kennen lernen wollen, führen Sie ein persönliches Gespräch mit möglichst unverbindlichen Themen mit ihm. Achten Sie dabei weniger auf den Gesprächsinhalt als auf die Augenzugangshinweise und die benutzten Worte (siehe Übungen zum Repräsentationssystem der Sprache, Seite 43 ff).
- In problematischen Situationen eröffnen sich Ihnen neue Möglichkeiten, wenn Sie sich auf die Augenzugangshinweise kalibrieren. Probieren Sie Folgendes:

Sie geben dem Schüler ein Feedback und dieser blickt ...	**Ihre Reaktion ist natürlich kontextabhängig, hier einige Beispiele:**
... nach oben links 	Du erinnerst dich genau an die Situation, von der ich spreche, oder? Was hast du da erlebt? Siehst du die Formel (das Wort, die Regel) vor dir? Dann schreib's hin! „I became a present from him", sieht merkwürdig aus, kann nicht stimmen, oder? Also, wie muss der Satz korrekt aussehen? Schüler schreibt (oder sagt): „I got a present from him." Lehrerin: „Siehst du, du musst nur den Text vor dir sehen, den du schon im Buch gelesen und aufgeschrieben hast."
... nach oben rechts 	Wie sieht das für dich aus, siehst du, was ich meine? Was für ein Film läuft denn gerade in deinem Kopf, während ich mit dir spreche? Du kannst dir kein rechtes Bild von dieser Situation (dieser Definition, dieser Formel ...) machen, nein? Komm, wir sehen uns das noch mal zusammen an, dann wirst du da leicht durchblicken. Welche Reaktion deiner Eltern malst du dir aus?
... nach Mitte links 	Das klingt dir noch im Ohr, was du dazu ... gesagt hast. Du erinnerst dich genau an meine Worte, oder? Du hörst die Worte noch, genau so, als würde der X jetzt gerade vor dir stehen, oder? „I became a present from him", klingt falsch, oder? Du hörst den Satz schon richtig: „I ..." – Hörst Du's? „I got ..." – Klingelt's jetzt? Dann lass es mich jetzt vollständig hören. Schüler sagt: „I got a present from him." Lehrerin: „Klingt gut, du musst dich nur an die richtigen Worte erinnern, die du in der Stunde gehört und gesprochen hast."

Sie geben dem Schüler ein Feedback und dieser blickt ...	Ihre Reaktion ist natürlich kontextabhängig, hier einige Beispiele:
... nach Mitte rechts 	Du kannst dich nicht so recht an meine Worte (an diese Definition, diese Formel ...) erinnern, nein? Komm, wir wiederholen das noch mal. Wie klingt das für dich?
... unten links* 	Mit welcher inneren Stimme überlegst du gerade, was meine Worte für dich bedeuten? Du kannst schon hören, wie das ausgeht, oder?
... Augen unten rechts* 	Was ist denn das für ein Gefühl für dich? Was empfindest du, wenn ich dir das sage? Machen dich traurig, diese Worte, oder?

* Wenn Sie beobachten, dass ein Schüler seine Pupillen vorwiegend unten hält, deutet das auf einen problematischen Zustand hin.

5.2 Wenn die Augenbewegungsmuster auf eine Blockade hindeuten

Sind die Pupillen häufiger oder für längere Zeit nach unten gerichtet, deutet dies auf einen problematischen Zustand hin. Entweder, die Schülerin „grübelt“ (unten links) und/oder sie ist emotional belastet (unten rechts). Eine Steigerung dieses Zustandes sieht so aus: Die Augen sind entweder starr nach unten gerichtet oder schweifen unruhig hin und her, dazu zeigt der Schüler eine asymmetrische Körperhaltung und wirkt permanent „abwesend“. Im NLP sprechen wir von einer Synästhesie (Verschmelzung): Innere Bilder, Gefühle, Töne usw. vermischen sich, wirken nicht mehr für sich, und der Betroffene ist nicht in der Lage, sie voneinander zu trennen. Dieser Zustand deutet auf Angst, Panik, ein traumatisches Erleben oder eine Lernblockade hin. Wenn Sie dies bei einem ansonsten unauffälligen Schüler mal beobachten, kann es Liebeskummer sein, Ärger zu Hause, pubertäre Irritationen – etwas, das auch wieder vergeht. Sehen Sie diesen Zustand jedoch häufig, ist das ein Indiz dafür, dass diese Schülerin besondere Hilfe braucht.

Eine Maßnahme zur ersten Hilfe, die Sie schnell im Klassenzimmer durchführen können: Tun Sie sanft irgendetwas, das den Betreffenden veranlasst, nach oben zu schauen. Da ein Blick nach oben Visualisieren bewirkt, kann er für den Moment einen ressourcearmen Zustand (Grübelei, Traurigkeit) unterbrechen. Zum Beispiel:

LEHRERIN: „„I became a present from him‘, hast du geschrieben. Sieht das gut aus?“
SCHÜLER: *zuckt die Schulter*
LEHRERIN: „Schau mal hier! *Dabei halten Sie Ihren Zeigefinger in ca. 30 Zentimeter Abstand vor die Augen des Kindes und führen ihn dann langsam nach oben. Wenn der Schüler mit den Augen folgt:* Sieh den Satz mal vor deinem inneren Auge, wie wir ihn gestern geschrieben haben. ‚I …‘ – Siehst du’s? ‚I got …‘ – Wird es jetzt klarer? Dann schreib’s hin[6].“

Übung 46 – Selbstcheck: Wie wirken Sie auf Ihre Schülerinnen und Schüler?

Ziel: Den eigenen Zustand bestimmen, die Spiegelneurone der Schülerinnen ansprechen, andere mit Charisma und Motivation „anstecken“ können.

Übungspartner erforderlich? Nein.

1. **Wie möchten Sie wirken?**

   Was möchten Sie ausstrahlen? Wie möchten Sie wirken? Was soll ein Schüler fühlen oder denken, wenn er Ihnen auf dem Schulhof begegnet bzw. wenn Sie das Klassenzimmer betreten?

2. **Was bieten Sie Ihren Schülern bisher spiegelneuronal an? Prüfen Sie mithilfe einiger Beispiele für nonverbale Signale:**

   a. **Gesichtsausdruck**
   ☺ Viel Lächeln, gute Laune ausstrahlend, zugewandt, freundlich, Blickkontakt.
   ☹ Kritisch, schlechte Laune ausstrahlend, gleichgültig, wenig bis kein Blickkontakt.

   b. **Bewegungen**
   ☺ Gezielt, Ihre Körpersprache fördert den Rapport.
   ☹ Fahrig, gehetzt, harte Bewegungen.

   c. **Stimme**
   ☺ Freundlich, mit der Stimme „lächeln“, tiefe und „warm“ wirkende Tonlage.
   ☹ Gleichgültig, belehrend, herablassend, akademisch wirkend, hohe, nervöse oder „kalt“ wirkende Tonlage.

   d. **Körper / Haltung**
   ☺ „Da sein“, den Schülern zugewandt, locker und beweglich, eine den Inhalt unterstützende Körpersprache.
   ☹ Angespannt, verkrampfte Hände, verspannte Schultern, bewegungsarm.

   e. **Gestik**
   ☺ Unterstützend, würdigend, verbindend (z. B. mit der offenen, nach oben gerichteten Handfläche die Argumentation unterstützen, bei Lob und Zuwendung auf den Schüler zeigend).
   ☹ Angreifend, verletzend, herabsetzend (z. B. mit dem Zeigefinger die Argumentation unterstützen, bei Kritik auf den Schüler zeigen).

3. **Maßnahmeplan**

Was wollen Sie ändern? Wie werden Sie das üben?

---

6 NLP hält mehrere Interventionen bereit, mit denen der beschriebene Zustand nachhaltig bearbeitet werden kann. Diese sind im Schulalltag ebenso einsetzbar wie in therapeutischen Kontexten, z. B. zur Überwindung von Lernblockaden oder Schulangst (siehe Kapitel 7 im Praxisbuch). Ihre Anwendung erfordert Vorkenntnisse und ist zu komplex, sie hier darzustellen; die Methoden werden jedoch in einer fundierten NLP-Ausbildung vermittelt.

6. | Wie steht es um Ihr Selbstmanagement?

Worum geht's?

Lehrerinnen und Lehrer leiden häufiger als Angehörige anderer Berufsgruppen unter arbeitsbedingten psychischen Belastungen. Ein hohes Arbeitsvolumen, Lärmpegel, schwierige Schüler und Eltern, vollgestopfte Lehrpläne sowie eine schlechte Schulorganisation sind Gründe dafür. Sie allein zu betrachten, lenkt jedoch von der Eigenverantwortung des Lehrers ab – und von seinem Potenzial, die Dinge zu verändern.

Das Kapitel „Wie steht es um Ihr Selbstmanagement?" im Praxisbuch (Kapitel 6) lenkt die Aufmerksamkeit auf die Lehrerpersönlichkeit. Selbstmanagement heißt, die Verantwortung für den persönlichen Zustand zu übernehmen und seine Emotionen zu lenken.

Eine wichtige Rolle hierbei spielen Ihre Glaubenssätze. Damit sind im NLP weitgehend unbewusste Muster von Denkprozessen und Überzeugungen gemeint, die zu Lebensregeln und Überzeugungen führen und denen Menschen den Wert unbedingter Wahrheit zurechnen. Doch sie beruhen lediglich auf der Generalisierung persönlicher Erfahrungen oder Fremdbewertungen. Manchmal sind sie nützlich, manchmal hindern sie Menschen daran, ihr volles Potenzial zu leben.

Die ersten drei Übungen helfen Ihnen daher, sich Ihre Glaubenssätze zum Lehrersein einmal näher anzuschauen. Sie können die Übungen für sich allein durchführen. Wenn es möglich ist, sollten Sie jedoch mit einem Kollegen oder einer guten Freundin zusammen arbeiten und die Ergebnisse gemeinsam reflektieren.

6.1 Begrenzende Glaubenssätze ermitteln und entmachten

Übung 47 – Mit vier Fragen die inneren Überzeugungen untersuchen

Ziele: Meine inneren „Gebote" und „Verbote" kennenlernen und mein Potenzial für nachhaltige Veränderung erkennen; begrenzende Glaubenssätze entmachten.

Übungspartner erforderlich? Nein.

1. Fragen Sie sich (und notieren Sie Ihre Antworten):
   - Was gestatten Sie sich zu sein? Als Lehrerpersönlichkeit? Privat?
   - Was verbieten Sie sich zu sein?
   - Was denken Sie, wie Sie als Lehrer zu sein haben?
   - Und wenn Sie über einen problematischen Schüler nachdenken oder über eine problematische Klasse: Was denken Sie dann?
     - Was macht Sie traurig, wütend oder hilflos?
     - Was (bzw. wer) sollte sich ändern und wie?
     - Was soll diese Person oder Klasse anders tun, um Ihnen zu gefallen?

2. Gehen Sie sodann Ihre Antworten noch mal einzeln durch und beantworten Sie zu jeder Antwort dabei folgende zusätzliche Fragen:
   - Ist Ihre Antwort wahr?
   - Woher wissen Sie, dass sie wahr ist? Wie können Sie das sicher wissen?
   - Was löst diese Überzeugung, dass das wahr sei, in Ihnen aus? Wie beeinflusst diese Überzeugung Ihre Wahlmöglichkeiten im Handeln und in Ihren Emotionen?
     - Könnte es einen Grund geben, diese Überzeugung loszulassen? (Niemand verlangt, dass Sie sie loslassen, das entscheiden allein Sie! Sie sollen nur die Möglichkeit und die Folgen erwägen.)
     - Gibt es einen Grund, an dieser Überzeugung festzuhalten?
     - Welche der beiden Möglichkeiten – loslassen, festhalten – macht Stress, welche nicht?
   - Wie wäre das Leben anders ohne diese Überzeugung?[7]

Übung 48 – Mit einem Ressource-Anker einen neuen Glaubenssatz kreieren

Ziele: Begrenzende Glaubenssätze erkennen und entmachten und meine Potenziale beleben.

Übungspartner erforderlich: Nein, jedoch empfohlen (siehe Schritt 4).

1. Schreiben Sie mindestens fünf Glaubenssätze auf, die Sie beruflich begrenzen, und die Sie gern verändern würden, zum Beispiel:
   - „Lehrer dürfen keine Fehler machen!“
   - „Ich muss mich immerzu durchsetzen, sonst …“

2. Entscheiden Sie sich für einen davon, mit dem Sie als Erstes arbeiten möchten, und schreiben Sie ihn auf.

3. Denken Sie an eine Situation (bevorstehend oder in der Vergangenheit), in der dieser Glaubenssatz Sie stört und begrenzt. Beschreiben Sie diese Situation genau und begründen Sie, wie der Glaubenssatz Sie begrenzt hat.

4. Finden Sie weitere Glaubenssätze heraus, die in dem genannten Glaubenssatz enthalten sind. (Beispiel: „Lehrer dürfen keine Fehler machen!“ → „Ich darf keine Fehler machen!“ → „Nur wenn ich perfekt bin, werde ich anerkannt“ → „Ich muss mich perfekt geben, auch wenn …“).
   In Einzelarbeit kommen Sie nur in die Tiefe, wenn Sie sehr ehrlich mit sich sind. Besser ist es, wenn Sie mit einem oder mehreren Partnern arbeiten. Dann kann ein Brainstorming die Wirkung vertiefen: Dabei machen Ihre Übungspartner Ihnen Angebote, welche Überzeugungen in dem von Ihnen formulierten Glaubenssatz noch enthalten sein können. Dabei „kitzeln“ Ihre Mitstreiter die tiefer sitzenden begrenzenden Glaubenssätze heraus und sollen Sie gern auch ein wenig provozieren. Beispiel: „Lehrer dürfen keine Fehler machen!“ → „Ich darf keine Fehler machen.“ → „Niemand darf merken, dass ich ein Versager bin.“ → „Ich bin ein Versager.“

5. Bestimmen Sie den stärksten der unter Schritt 6 gefundenen Glaubenssätze (das ist derjenige, der in Ihnen das stärkste unangenehme Gefühl auslöst).

6. Wie geht es Ihnen, wenn Sie diesen Glaubenssatz innerlich formulieren? Beschreiben Sie Ihren Zustand möglichst genau (also nicht „schlecht“, sondern: „Es macht einen Druck im …; ich sehe vor meinem inneren Auge …; ich höre die Stimme …; mir ist, als müsste ich weinen …“).

---

7 NLP hält zahlreiche Fragestellungen bereit, die das Ziel verfolgen, begrenzende Glaubenssätze zu hinterfragen, z. B. das Metamodell. Wir haben uns zusätzlich inspirieren lassen durch „The Work of Byron Katie“. Ausführlich in: „Lieben, was ist – wie vier Fragen Ihr Leben verändern können“, Goldmann, 2002.

7. Nennen Sie mindestens drei Situationen, in denen dieser Glaubenssatz nicht gestimmt hat oder in denen Sie sich einfach darüber hinweggesetzt haben. Erinnern Sie sich wiederum an die stärkste Situation (das ist diejenige, die in Ihnen das stärkste positive Gefühl auslöst). Beschreiben Sie auch diesen Zustand möglichst genau. Formulieren Sie hieraus einen Glaubenssatz, so, als ob dieser stimme (zum Beispiel: „Ich bin jederzeit frei, mich so zu zeigen, wie ich will", „Ich gebe meinen Schülern das Beste, das ich ihnen zu geben habe. Wenn sie es annehmen, dürfen sie sich glücklich schätzen. Wenn nicht, haben sie im Moment eine andere Wahl getroffen.") Dieser Satz darf keine Verneinung enthalten (also „Ich muss nicht immer perfekt sein" ist ungeeignet).
8. Wenn Sie an diese Situation denken, welches war damals Ihre wichtigste Ressource? Was konnten Sie, was haben Sie sich getraut, in welchem Zustand waren Sie (zum Beispiel: Ich war gelassen, glücklich, mutig ...)?
9. Ankern Sie diese Ressource zunächst mit einem einfachen Ressourcen-Anker (eine genaue Anleitung dafür finden Sie in Übung 22 auf Seite 30) Zur Verstärkung können Sie später eine der Variationsmöglichkeiten (Übungen 23 – 25, ab Seite 30) hinzufügen.

Übung 49 – Auf dem Persönlichkeitspentagramm Glaubenssätze und ihre Folgen erleben

Ziele: Wie zu Übung 48

Übungspartner erforderlich? Nein.

Für diese Übung nutzen Sie unser Persönlichkeitspentagramm. Das ist eine methodische Hilfe zur Ermittlung von Balancen oder Dysbalancen in den Bereichen, die wir in der Arbeit mit Hunderten von Seminarteilnehmern und Coachees als die wichtigsten für ein glückliches und sinnerfülltes Leben und für beruflichen Erfolg ermittelt haben (die ausführliche Beschreibung finden Sie im NLP-Praxisbuch, S. 134). Nehmen Sie sich für diese Übung viel Zeit. Nutzen Sie zum Beispiel ein Wochenende nur für sich. Oder üben Sie am Stück nur mit einem Feld des Persönlichkeitspentagramms und nehmen sich an einem anderen Tag das nächste vor.

1. Nehmen Sie ein großes Stück Papier, z. B. einen großen Bogen Pinnwandpapier oder vier zusammen geklebte Flipchartblätter. Darauf zeichnen Sie das Pentagramm so:

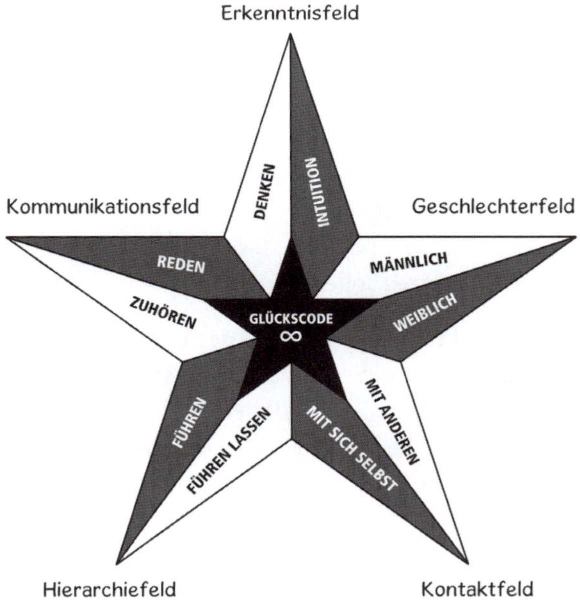

Abbildung 6.1: Das Persönlichkeitspentagramm

2. Wählen Sie, mit welchem Feld Sie beginnen möchten. Formulieren Sie mindestens fünf Glaubenssätze, die Sie auf diesem Feld begrenzen.
   - Beispiel Geschlechterfeld: „Ich muss mich als Lehrerin unauffällig kleiden, damit …"
   - Beispiel Hierarchiefeld: „Ich muss mich gegenüber Eltern, Schulleiter … angepasst verhalten."
   - Beispiel Kommunikationsfeld: „Wenn ich schweige, wird das als Versagen betrachtet."
3. Bearbeiten Sie diesen begrenzenden Glaubenssatz. Sie können wählen, ob Sie nach den Anleitungen aus den Übungen 47 oder 48 vorgehen.

Übung 50 – Sprache und Gefühle: Ich muss, ich kann, ich will

Ziel: Erkennen, wie „schwache" Formulierungen begrenzende Glaubenssätze stützen. Diese hinterfragen und „starke" Formulierungen kreieren.

Schreiben Sie eine Verpflichtung, die Sie beruflich oder privat erfüllen, in drei verschiedenen Fassungen untereinander, zum Beispiel:
1. „Ich muss mich vor den Schülern zusammenreißen."
2. „Ich kann mich vor den Schülern zusammenreißen."
3. „Ich will mich vor den Schülern zusammenreißen."

Lesen Sie nun nacheinander diese drei Sätze langsam und laut vor. Spüren Sie die unterschiedliche Energie, die in diesen Sätzen steckt? Also fragen Sie zum Beispiel bei Satz 3: „Welchen Nutzen habe ich davon, mich vor den Schülern zusammenzureißen?" Angenommen, Ihre Antwort lautet: „Mein Nutzen ist, dass ich mich dann bei den Schülern besser durchsetzen kann." Dann sprechen Sie den dritten Satz noch einmal in dieser Fassung: „Ich will mich vor den Schülern zusammenreißen, damit ich mich durchsetzen kann."

Testen Sie, ob es Ihnen damit besser geht: Sie wollen und Sie können sich durchsetzen und zusammenreißen. Wenn das der Fall ist und Sie damit zufrieden sind – okay. Doch wenn nicht, dann gehen Sie den nächsten Schritt. Formulieren Sie:
1. „Ich muss mich bei den Schülern durchsetzen."
2. „Ich kann mich bei den Schülern durchsetzen."
3. „Ich will mich bei den Schülern durchsetzen."

Welcher Satz fühlt sich jetzt für Sie merkwürdig an, klingt jetzt nicht gut? Wenn Sie eine Szene vor sich sehen, in welcher Sie sich bemühen, sich durchzusetzen – sieht diese Szene für Sie gut aus?

Viele Lehrerinnen und Lehrer spüren hier, dass Sie mit Satz 2 („Ich kann …") Schwierigkeiten haben. Wenn das auch bei Ihnen der Fall ist – schreiben Sie zunächst Ihre Antworten auf diese Fragen auf:
- Was hindert Sie daran, sich durchzusetzen?
- Was bedeutet für Sie, sich durchzusetzen?
- Woher wissen Sie, wie Sie sich durchsetzen sollen?

„Ich kann nicht" ist ein Glaubenssatz. Finden Sie mithilfe der Übungen 47, 48 oder 49 heraus, welches Gedankengebäude hinter diesem Glaubenssatz steht, und entmachten Sie ihn. Sie können noch mehr tun:
- Fragen Sie Kollegen, wie die Ihre Durchsetzungskraft beurteilen.
- Was verstehen Ihre Kolleginnen und Kollegen unter „sich durchsetzen".
- Welche Mittel benutzen diese dafür?
- Wollen Sie sich auf ähnliche Weise durchsetzen wie Ihre Kolleginnen?
- Oder haben Sie ganz andere Vorstellungen von Klassenzimmer-Management, Führung und Kooperation von und mit Schülern? Scheiben Sie diese Vorstellungen auf; entwickeln Sie eine Vision, ein Modell: Was bedeutet das für Sie? Und dann nutzen Sie für die „Magnetisierung" dieser Vision die nächste Übung (51).

Übung 51 – Einen „Als-ob-Rahmen" kreieren: Es ist schon wahr – jetzt!

Ziel: Eine Vision für gute Führung und gutes Klassenzimmer-Management entwickeln und umsetzen. Mentaltraining.

Assoziation: *It must become true* („Es muss wahr werden" – Martin Luther King in seiner Rede „I have a Dream", 1963, in Washington).

In der Übung 50 haben Sie eine Vision, ein Modell entwickelt. Diese nennen wir nun Ihre persönliche „Ja-ich-will-Situation", okay? Wenn Sie nun an diese „Ja-ich-will"-Situation denken, **als ob** sie bereits wahr ist, was kommt Ihnen da zuallererst?

Bilder?
Töne?
Gefühle?

Bei den folgenden Übungsschritten beginnen Sie bitte mit dem Sinneseindruck, der zuallererst kommt. Dann machen Sie in beliebiger Reihenfolge weiter:

1. Bilder

Sehen Sie vor Ihrem inneren Auge alles, was zu Ihrer *Ja-ich-will-Situation* dazu gehört. Schauen Sie genau hin. Was sehen Sie? Achten Sie darauf, dass Sie „im Bild" sind. Wenn das der Fall ist, sehen Sie Ihren Kopf nicht, sondern nur das, was man sieht, wenn man an sich herunterschaut. Dann sind Sie ein Teil des Bildes und ins Erleben „assoziiert". Ist das so? Wunderbar.

Oder sehen Sie sich ganz (also Sie erleben dissoziiert, weil Sie nicht Bestandteil des Bildes sind, sondern es von außen betrachten)? Auch gut. Nehmen Sie nun eine kleine Veränderung vor: Springen Sie mental in das Bild hinein, sodass sie ganz drin sind, ein Teil des Bildes.

Klappt das? Wenn ja, wunderbar. Wenn nein → für den Moment einfach mit den folgenden Schritten weitermachen und es beim nächsten Mal erneut versuchen. *Langsam, liebevoll mit sich selbst bleiben und nichts erzwingen.*

Vertiefen Sie Ihren **visuellen** Eindruck. Genießen Sie ihn für einen Moment.

2. Töne

Hören Sie mit Ihrem inneren Ohr alles, was in Ihrer *Ja-ich-will-Situation* tönt. Hören Sie genau hin. Was hören Sie und in welcher Weise? Ihre Worte, die Worte und Geräusche Ihrer Schülerinnen und Schüler … Lassen Sie es „wohl klingen", bis Ihr inneres Ohr absolut einverstanden ist.

Vertiefen Sie diesen **auditiven** Eindruck. Genießen Sie ihn für einen Moment.

3. Gefühle

Ein Gefühl, wie wir es hier meinen, ist *sinnesspezifisch konkret.* Kompliziert ausgedrückt, nicht wahr? Also einfacher: „Glücklich", „traurig", „lustig" sind zwar im Sprachgebrauch Bezeichnungen für Gefühle. Genau genommen sind diese Worte jedoch *Interpretationen über Gefühle* und nicht die Gefühle selbst.

Unsere Arbeit wirkt, wenn sie am echten Gefühl ansetzt, und nicht an seiner Interpretation. Also, wenn „glücklich" bedeutet, dass Sie „Wärme", „ein Glucksen im Bauch" oder „Vibrieren" fühlen, dann haben wir das sinnesspezifisch konkrete Gefühl, nach welchem wir suchen. In diesem Sinne:

Nehmen Sie bitte wahr, was genau Sie in der Situation fühlen, in der alles in Ihnen „Ja – ich will …" ruft: Wo genau im Körper fühlen Sie das? Was genau fühlen Sie da? Wie intensiv?

Vertiefen Sie diesen **kinästhetischen** Eindruck. Genießen Sie ihn für einen Moment.

4. Alles Verbinden

Sie haben nun Bild, Ton, Gefühl. Lassen Sie nun alle Sinneseindrücke in Ihrer *Ja-ich-will-Situation* auf einmal wirken. Verbinden Sie die Eindrücke miteinander.

Schreiben oder malen Sie – je nach persönlicher Präferenz und Lust – einen Text oder ein Bild, in welchem Sie möglichst detailreich und genau wiedergeben, was Sie soeben erlebt haben. Jetzt haben Sie eine klare Vision Ihrer idealen Art des Unterrichts und des Umgangs mit Ihren Schülerinnen und Schülern.

Variation: Sie können Ihre Vision auch ankern. Dann gehen Sie unmittelbar nach Schritt 4 vor, wie in Übung 22 (Seite 30).

Übung 52 – Wiederkehrende Muster in Konflikten mit Schülern verändern

Ziele: Wirkungslose Reaktionen in Konflikten identifizieren. Neue Reaktionen auf ihre Wirksamkeit testen. Wahlmöglichkeiten erhöhen.

Übungspartner erforderlich? Nein, aber empfohlen.

Die häufigsten Gründe für Konflikte sind fehlende, falsche oder halbwahre Informationen. Denn jede kommunikative Handlung führt zu einer Reaktion – die Frage ist nur, ob diese auch angemessen ist. „Informationssalat" vermeiden Sie, indem Sie strikt zwischen Wahrnehmung und Interpretation unterscheiden. Eine Wahrnehmung ist alles, was wir sehen, hören und fühlen können, zum Beispiel: „Du hast die Augenbrauen hochgezogen, und dein Sprechtempo ist schneller geworden." Und nicht: „Du warst aggressiv." (Vgl. auch „Sich Kalibrieren: Den Schüler *wirklich wahrnehmen*" sowie die darauf folgenden Übungen 1 und 2 ab Seite 13)

Üben Sie daher, Informationssalat zu vermeiden. Denken Sie dazu an einen Schüler, der starke negative Reaktionen in Ihnen auslöst. Betrachten Sie ihn vor Ihrem inneren Auge. Welches Verhalten genau ruft in Ihnen diese negativen Gefühle hervor? Beschreiben Sie es genau (nicht „schaut angewidert", sondern „verdreht die Augen, dreht sich dann um und sagt im Gehen …").

Die meisten Menschen erleben Frust, weil eine bestimmte Situation immer wieder auftritt. Dabei übersehen sie oft, dass sie dieses Verhalten immer wieder auf dieselbe Art provozieren oder auf dieselbe Weise darauf reagieren. Wer jedoch immer nur den gleichen Impuls setzt, erhält auch immer das gleiche Ergebnis. Es ist, als würde ein Mensch wieder und wieder gegen eine verschlossene Tür rennen und sich wundern, dass sie sich nicht öffnet. Vielleicht hilft es dann, die Türklinke zu benutzen?

Überlegen Sie also, wie Sie künftig anders reagieren könnten. (Lächeln? Den anderen fragen, welche Botschaft er Ihnen senden will, indem er die Augen verdreht? Den anderen spiegeln, also das Gleiche tun? Das Verhalten ignorieren?)

Aufgabe: Finden Sie zu jedem störenden Verhalten von Schülern mindestens drei (besser: mehr) neue Reaktionsmöglichkeiten. Notieren Sie diese. Wenden Sie einen nach dem anderen an und protokollieren Sie, was genau Sie mit welcher Wirkung getan haben.

Erst drei Wahlmöglichkeiten machen frei

Wenn Sie einer bestimmten Herausforderung nur mit einer von Ihnen als alternativlos empfundenen Lösungsmöglichkeit begegnen können, stehen Sie unter Zwang und sind unfrei. Zwei Optionen sind immerhin schon besser. Doch wenn aus Ihrer Sicht nur Lösungsmöglichkeit A oder B funktionieren, befinden sich in einem Dilemma. Erst ab drei Optionen beginnt Entscheidungsfreiheit. Deshalb bitten wir unsere Seminarteilnehmer oder Klienten, zu einer gegebenen Herausforderung mindestens drei, nach Möglichkeit mehr, Lösungen zu kreieren. Das Prinzip der drei Wahlmöglichkeiten folgt diesen Grundannahmen (Axiomen) des NLP: „Wahlmöglichkeiten sind besser als keine Wahlmöglichkeiten" und „Die Person mit der größten Flexibilität kontrolliert das System".

Übung 53 – Verhalten umdeuten: Das Reframing

Ziele: Einen Schüler, eine Schülerin, mit anderen Augen betrachten, mehr Verständnis für vermeintlich inakzeptables Verhalten gewinnen.

Übungspartner erforderlich? Nein.

Stellen Sie sich einen Schüler vor, der etwas ganz anders macht als Sie („Ich bin immer höflich, der andere fast immer unhöflich").

- Notieren Sie nun alle Ihre Urteile ihm gegenüber („abwertend, nimmt mich nicht ernst, respektlos") und überlegen Sie, was Sie über die Gründe desjenigen für sein Verhalten wissen. Wissen Sie nichts oder nur wenig darüber, fragen Sie doch einfach einmal nach!
- Gibt es Unterschiede zwischen seinem Motiv und Ihrer Interpretation bzw. sind diese zumindest denkbar? Manchmal hat der Betreffende nämlich auch nur eine andere Vorstellung von Höflichkeit, ist also nach seiner „Landkarte" sehr wohl höflich.
- Gibt es jetzt vielleicht sogar etwas, das Sie von ihm lernen können? Zum Beispiel, höflich zu sein und auch hin und wieder etwas stärker an sich selbst denken?

Variation: Sie können das Verhalten von Schülern auch mithilfe der „Vier Fragen" nach Byron Katie aus Übung 47 (Seite 83) untersuchen. Auch mit diesem Vorgehen fügen Sie Ihrer bisherigen Interpretation des Schülerverhaltens neue Wahlmöglichkeiten hinzu.

Übung 54 – Verhalten umdeuten: Die Suche nach der positiven Absicht

Ziele: Wie in Übung 53; neue Wahlmöglichkeiten im Umgang mit „schwierigen" Schülern gewinnen.

Übungspartner erforderlich? Nein.

Aus scheinbar völlig harmlosen Meinungsverschiedenheiten entwickeln sich manchmal die größten Konflikte. Der eine sieht in einer Meinungsverschiedenheit eine Mücke, die andere einen Elefanten. Wessen Wahrnehmung ist dann richtig, wessen falsch? Verschärft wird die Situation, wenn einer der Beteiligten sie bagatellisiert oder ohne jedes Entgegenkommen darauf besteht, Recht zu haben.

Mit welchen Schülern, Eltern oder Kolleginnen haben Sie Meinungsverschiedenheiten? Machen Sie eine Aufstellung und beginnen Sie mit der Meinungsverschiedenheit, die Sie am meisten belastet:

- Beruht sie auf unterschiedlichen *Wertvorstellungen*, oder ist das *Verhalten* des anderen die Ursache?
- Was wissen Sie über dessen Beweggründe? Suchen Sie nach der positiven Absicht des anderen.
- Was haben Sie bisher getan, um diese Meinungsverschiedenheit aus der Welt zu schaffen?
- Was könnten Sie noch tun, damit daraus kein eskalierender Konflikt wird?

Übung 55 – Verhalten umdeuten: Die Suche nach neuen Wahlmöglichkeiten

- Welche Ihrer Schülerinnen und Schüler würden Sie als schwierig bezeichnen? Verschaffen Sie sich einen Überblick mithilfe der systemischen Strukturaufstellung Ihrer Klasse (Seite 23).
- Was genau stört Sie?
- Inwiefern ist dieser Schüler eine Herausforderung für Sie?
- Was müsste sich ändern, damit die Situation für Sie akzeptabel wird?
- Was müsste sich für die Schülerin ändern, damit die Situation für sie akzeptabel wird und sie ihr Verhalten ändern kann?

Arbeiten Sie einen Plan für einen konstruktiven Umgang mit dem Betreffenden aus. Kreieren Sie dazu mindestens drei neue Reaktionsmöglichkeiten.

Übung 56 – Arbeit und Privatleben in Balance

Ziel: Standortbestimmung Ihrer eigenen Work-Life-Balance; die Balance zwischen Beruf, Familie, Freunden und Freizeit, Gefühl und Gesundheit, kulturellen und spirituellen Bedürfnissen (wieder) herstellen.

Jeder Mensch hat ein begrenztes Energiereservoir. Damit muss er haushalten. Denn mit einer leeren „inneren Batterie“ sind ein gutes Selbstmanagement und Motivation nicht möglich. Stellen Sie sich Ihren gesamten Energiehaushalt wie einen Tank mit fünf miteinander verbundenen Kammern vor. In jeder ist ein Energietyp:

- Die 1. Energiekammer dient dem nackten Überleben (Nahrungsaufnahme, Atmen, Stoffwechsel).
- Die 2. Energiekammer dient dem psychischen Wohlbefinden (Selbstwertgefühl).
- Die 3. Energiekammer ist fürs Lernen, die Aufnahme neuer Informationen und Impulse zuständig.
- Die 4. Energiekammer liefert den Stoff, aus dem Motivation, Spaß am Leben und an der Arbeit gemacht wird. Ist diese Kammer voll, sind Sie motiviert für die Arbeit und können zugleich Ihre Freizeit genießen.
- Und die 5. Energiekammer ist Ihr „Reservetank“. Dieser wird benötigt, wenn die anderen Tanks zur Neige gehen. Er sollte eigentlich gar nicht, höchstens jedoch vorübergehend beansprucht – und dann sofort wieder „aufgetankt“ werden, z. B. durch Urlaub oder eine Kur.

Die Kammer 1 verlangt zu allererst Energie – und zieht sie zur Not aus den anderen Kammern ab. Dann folgen der Reihe nach 2, 3 und 4. Auch sie entnehmen Energie aus der nächsthöheren Kammer. Das bedeutet: Wenn ein Mensch körperlich erkrankt (1) oder mehr als gelegentlich betrübt, vielleicht depressiv ist (2) – dann benötigt er dafür sehr viel Energie. Und die wird zunächst aus den Energiekammern 3 und 4 geholt: Dann ist es einem Lehrer immer weniger möglich, guten Unterricht zu halten und mit den Schülern in gutem Kontakt zu sein. Sind auch die Kammern 3 und 4 leer, muss der Mensch seine Energiereserven (5) regelmäßig angreifen: So entsteht das sogenannte „Burn-out-Syndrom“, das „Ausgebranntsein“. Wenn Sie jedoch fit, gesund und selbstbewusst sind, kann Ihre Energie der 4. Kammer nur so sprudeln – Sie sind motiviert für Ihre Arbeit, unterrichten mit Leidenschaft und genießen Ihre Freizeit in vollen Zügen.

Deshalb ist es so wichtig, dass die Balance zwischen Beruf, Familie, Freunden und Freizeit, Gefühl und Gesundheit, kulturellen und spirituellen Bedürfnissen stimmt. Diese Balance – die *Work-Life-Balance* – ist wie eine Glücksformel: eine wahrhaft starke Voraussetzung für dauerhafte Motivation. Stellen Sie daher jetzt fest, wie es um Ihre Work-Life-Balance bestellt ist. Reflektieren Sie folgende Fragen:

1. Können Sie sich nach der Arbeit innerhalb von höchstens 30 Minuten erholen? Oder fühlen Sie sich ausgelaugt?
2. Können Sie sich in Familie / Partnerschaft / Freundeskreis so geben, wie sie sind? Oder spielen Sie den „Sonnenschein“ (oder den dozierenden Lehrer), egal, wie es Ihnen geht?
3. Haben Sie in Ihrer Freizeit viel Spaß? Oder ödet Sie Ihre Freizeit an?

4. Schlafen Sie abends schnell ein und die Nacht durch? Oder grübeln Sie und wachen nachts häufiger auf?
5. Können Sie eine Treppe leicht hinaufspurten, oder geraten Sie schnell aus der Puste?

Die Antworten sagen Ihnen, wie es um Ihre Work-Life-Balance steht. Ist sie ausgeglichen, haben Sie eine stabile Grundlage für dauerhafte, grenzenlose Motivation! Defizite weisen Sie auf Handlungsbedarf hin. Suchen Sie sich einen guten persönlichen Coach, gehen Sie in eine gute NLP-Ausbildung mit dem Schwerpunkt Persönlichkeitsentwicklung oder Achtsamkeitstraining. Bei einem bereits fortgeschrittenen Burn-out-Syndrom sollten Sie eine Kur oder eine stationäre Psychotherapie erwägen.

Skizzieren Sie hier Ihre Gedanken für einen individuellen Plan, wie Sie künftig die Balance zwischen Beruf, Familie, Freunden und Freizeit, Gefühl und Gesundheit, kulturellen und spirituellen Bedürfnissen sicherstellen möchten:

6.2 Zustands-Management: Eine kleine Geschichte

Ziele: Diese kleine Geschichte ist sowohl für Lehrer als auch zum Vorlesen für Schüler geeignet. Sie ist ein Beispiel für die Anwendung hypnotischer Sprachmuster und eines Ressource-Ankers. Darüber hinaus unterstützt sie den Leser oder Zuhörer, durch Lenkung der eigenen Gedanken den eigenen inneren Zustand zu beeinflussen: Diese Geschichte hilft Ihnen, Ihr Potenzial an jedem frischen Morgen neu zu wecken.

Es ist ein Morgen wie so viele vorher. Schweißgebadet erwacht Ellen aus einer unruhigen Nacht. Ihr ist, als hätten sich all ihre Quälgeister – Angst, Sorgen, Unruhe, Druck – zu einer großen Party versammelt, um auf ihren Nerven herumzutanzen.

Müde denkt sie über den erwachenden Tag nach – und wie auf Bestellung sind die Quälgeister alle wieder da.

„Warum machen die das?“, fragt sich Ellen, als eine zarte Stimme tief aus ihrem Inneren ertönt.

„Siehst du es denn nicht? Jede Nacht rufst du sie zusammen und stimmst mit ihnen dein Klagelied an. Sie fühlen sich wohl auf den Partys voller Klagegesänge, die ihre Wichtigkeit immer und immer wieder bestätigen.

Doch kennst du auch die anderen Geister, die keine Lust auf diese Art Partys haben? Die singen, etwas Neues kreieren, einfach losgehen wollen? Was ist mit der Fröhlichkeit, der Kreativität und dem Mut? Sie sind verschüttet vom Müll deiner Klagen.

Nimm dir noch ein wenig Zeit und atme ruhig ein und aus. Sieh dir deine inneren Quälgeister noch einmal an und schick sie dann weg. Ruf die anderen Geister zu dir und setze dich mit ihnen in Gedanken an einen Tisch. Frage den Mut, was er dir zu geben hat.“

Der Mut kommt hervor und schenkt Ellen diese Worte:

„Ich kann es schaffen, wenn ich beginne. Ich laufe los und dabei ist mein Blick nach oben gerichtet, mein Schritt ist fest und in mir ist eine freundliche Stimme.“

Dann meldet sich die Kreativität mit ihrem Geschenk:

„Hier stehe ich und habe tausende Ideen im Kopf. Und jede Idee birgt eine Antwort oder sogar die Lösung für ein Problem. Wenn ich ruhig und gelassen bin, finde ich die passende Idee.“

Und dies ist das Geschenk der Kraft:

„Lass weiße, leuchtende Energie durch deinen Körper fließen, damit du kraftvoll in den erwachenden Tag starten kannst. Spüre, wie sich diese Energie in dir ausbreitet, wie sie deinen gesamten Körper durchströmt und ihn ausgleicht. Du kannst dir morgens unter der Dusche vorstellen, wie die weiße Energie die Form der Wasserstrahlen annimmt, in deinen Körper fließt und Angst, Sorgen, Unruhe, Druck aus dir herausspült. Zurück bleibt diese weiße Energie, die dir unbändige Lebenslust schenkt.“

Etwas benommen geht Ellen ins Bad. Kaum hat sie die Dusche aufgedreht, erinnert sie sich an das Geschenk der Kraft. Sie genießt ihre Energiedusche aus warmem Wasser und weißer Energie. Und tatsächlich breitet sich in ihr ein Glücksgefühl aus, als wäre sie aufgeladen.

Vor ihrem Kleiderschrank denkt sie über den Tag nach. Ungewöhnlich: Kaum richten sich ihre Gedanken auf ein Problem, fällt ihr auch gleich eine Lösung ein.

Energiegeladen und voller Entdeckerfreude macht sie sich auf den Weg zur Schule. Schon nach wenigen Schritten fällt ihr auf, dass sie heute nicht wie sonst auf den Boden, sondern nach oben schaut. Sie lächelt, ihr Schritt ist entschlossen und in ihr schwingen die Worte:

„Geh los, du schaffst alles. Du gibst das Beste, das du zu geben hast.“

Und während Ellen das Klassenzimmer betritt, ist ihr, als habe sie ein kleines Lied auf den Lippen.

7. | Umgang mit Schulangst und Lernblockaden

Worum geht's?

Von einer *Lernblockade* sprechen wir, wenn ein Schüler in einer speziellen Lernsituation keinen Zugang zu seinen Ressourcen findet. Lernblockaden können aufgelöst werden, indem die Ressourcen offengelegt und neu organisiert werden, damit sie zum richtigen Zeitpunkt im richtigen Kontext verfügbar sind. Geschieht dies nicht, generalisiert die Schülerin unter Umständen die Erfahrung einer Lern- oder Denkblockade. Daraus kann sich eine *Schulangst* entwickeln: Der Schüler nimmt dann Schule als seelische Gefährdung wahr. Je besser es gelingt, Schülerinnen und Schülern ein hohes Ressourcen-Bewusstsein und viele Selbstwirksamkeitserfahrungen zu vermitteln, desto geringer ist das Risiko, dass sie Lernblockaden, Schulangst oder später Ängste in ihrem Beruf entwickeln. Das Praxisbuch zeigt Möglichkeiten auf,

- wie Sie Lernblockaden vorbeugen,
- wie Sie Lernblockaden und Schulangst erkennen und
- wie Sie Schülerinnen und Schülern mit Lernblockaden sowie deren Eltern unterstützen können.

Hier, im Übungsteil, finden Sie weitere, vertiefende Möglichkeiten.

Ein Hinweis vorab

NLP bietet eine sehr wirksame Methodik. In der Hand verantwortungsvoller Anwenderinnen kann damit viel Gutes bewirkt werden. So kann ein Lehrer, der seine fundierte pädagogische Ausbildung durch eine gute NLP-Weiterbildung ergänzt, seinen Schülerinnen und Schülern bei Schwierigkeiten schnell und nachhaltig helfen – auch bei Schulangst und Lernblockaden. Das Praxisbuch und dieses Übungsbuch liefern Ihnen dafür zahlreiche erste Anregungen. Mithilfe der folgenden Beobachtungsbögen und Übungen können Sie Lernblockaden vorbeugen und bei leichten Formen auch helfen. Doch das alles ersetzt keine eventuell notwendige professionelle Unterstützung, sei es durch einen NLP-Lerncoach oder einen Kinder- und Jugendpsychotherapeuten. In Ihrer Schule sollten deshalb ständig bereit liegen:

Die Adressen und Telefonnummern[8]

- der örtlichen Familien- und Erziehungsberatungsstellen,
- der Kinder- und Jugendpsychotherapeuten in der Region,
- falls bereits vorhanden: der NLP-Lerncoaches in der Region,
- des nächsten Krankenhauses mit einer Kinder- und Jugendpsychiatrie.

Und noch ein Tipp: Nehmen Sie Kontakt zu den Fachleuten in den genannten Einrichtungen auf. Vergewissern Sie sich, dass man sich dort des Themas liebevoll annimmt, wirklich Ahnung vom lösungsorientierten (im Unterschied zum defizitorientierten) Vorgehen hat und Ihre Schülerinnen und Schüler willkommen sind. Sicher finden Sie dort engagierte Menschen, die in Ihrer Schule gern einen Vortrag halten oder Sie oder die Eltern in einem besonderen Einzelfall unterstützen.

8 Diese finden Sie im Internet. Geben Sie einfach das Stichwort und die Region in eine Suchmaschine ein.

Übung 57 – Beobachtungsbogen für den Unterricht (Lehrer beobachtet den Schüler)

Ziel: Sich auf Schüler mit besonderen Bedürfnissen besser kalibrieren, Lernblockaden und Schulangst frühzeitig erkennen können.

Allgemeine Beobachtungen im Alltag

1. Wirkt das Kind ausgeglichen?

1	2	3	4	5	6	7	8	9	10
nie									**oft**

2. Lacht/lächelt das Kind auch ohne Anlass (also auch ohne, dass Witze erzählt werden)?

1	2	3	4	5	6	7	8	9	10
nie									**oft**

3. Wirkt das Kind heiter oder bedrückt?

1	2	3	4	5	6	7	8	9	10
bedrückt									**heiter**

4. Erzählt das Kind gern über seine Erlebnisse und Wünsche?

1	2	3	4	5	6	7	8	9	10
nie									**immer**

5. Hat das Kind eine beste Freundin/einen besten Freund, der oder dem es sich anvertraut?

☐ Ja ☐ Nein ☐ Weiß nicht

6. Hat das Kind Kontakte zu Mitschülern? Wie viele regelmäßige Kontakte bestehen?

0	1	2	3	4	5	6	7	8	9	10+

7. Wirkt das Kind in Bezug auf Schule und Lernen motiviert?

1	2	3	4	5	6	7	8	9	10
nie									**immer**

Verhalten und Symptome vor Tests, Präsentationen, Klausuren

a. Beobachten Sie die Schülerin, den Schüler im Unterricht kurz vor einem der genannten Ereignisse genauer und beantworten Sie die Fragen 1, 2, 3, 4 und 7 noch einmal. Verändert sich etwas? Was genau?

b. Beobachten Sie den Schüler kurz vor einer wichtigen Leistungskontrolle genauer und notieren Sie, wenn Sie diese Symptome beobachten:
   - ☐ Zittern
   - ☐ Stottern
   - ☐ Einsilbigkeit bis zum vollkommenen Schweigen
   - ☐ Nägelkauen
   - ☐ Trödeln
   - ☐ „Kaspern“
   - ☐ gehäufte und nervös wirkende Beruhigungsgesten (siehe im Praxisbuch im Kapitel 5 „Ohne Worte – Gestik und Mimik“ den Abschnitt „Beruhigungsgesten und der innere Zustand von Schülern“). Dazu gehören:
     - ☐ Streichen über die Stirn oder über den Kopf,
     - ☐ Streicheln des Nackens oder des Halses,
     - ☐ Reiben der Oberschenkel,
     - ☐ Zurechtzupfen der Kleidung,
     - ☐ Spielen mit den Händen,
     - ☐ mit der Zunge am linken oder rechten Rand des Mundes lecken oder im Mundinneren gegen die Wange drücken (sichtbar durch eine „Beule“ in der Wange),
     - ☐ auf die Lippen beißen,
     - ☐ Berühren der Drosselgrube (die Vertiefung am Hals zwischen dem oberen Brustbeinrand und dem Kehlkopf),
     - ☐ Reiben der Handflächen,
     - ☐ die Finger ineinander verschlingen.

Weitere Beobachtungen

____

____

____

Sind diese Symptome nach dem Test wieder verschwunden?

☐ Ja ☐ Nein

Bei welchen Tests / Leistungskontrollen zeigt der Schüler diese Symptome?

☐ Bei allen Leistungskontrollen, in allen Fächern und bei allen Lehrern

☐ Nur in folgenden Fächern:

____

____

☐ Nur bei mir

☐ Nur bei folgenden Lehrern:

____

____

Auswertung

Zeigt das Kind in allen Prüfungssituationen und Fächern sowie bei allen Lehrern die beschriebenen Stressreaktionen, dürfte es sich um eine generalisierte Schul- oder Prüfungsangst handeln. Für dieses Kind ist professionelle Hilfe zu erwägen (NLP-Lerncoaching, die Hilfe einer Erziehungs- und Familienberatungsstelle, eine Psychotherapie).

Haben Sie herausgefunden, dass der Stress von einem bestimmten Fach oder von einer bestimmten Lehrerpersönlichkeit ausgelöst wird, kann die im Praxisbuch vorgestellte Methodik die Situation rasch zum Guten wenden – wenn die Beteiligten für eine Veränderung bereit sind. Insbesondere sollten Sie prüfen, welches Beziehungsangebot Sie bzw. Ihr betreffender Kollege dem Schüler bisher gemacht haben, und hier Korrekturen vornehmen. Im Praxisbuch finden Sie hierfür eine Fülle von Anregungen zur Veränderung. Sollte allerdings ein Lehrer nicht zur Veränderung bereit sein, ist auch ein Klassen- oder Schulwechsel zu erwägen.

Übung 58 – Leitfaden für das Elterngespräch

(Beobachtungsbogen für die Zusammenarbeit mit den Eltern)

Ziel: Ihre Beobachtungen aus Übung 57 mit der Wahrnehmung der Eltern abgleichen, die Eltern sensibilisieren, Hilfen koordinieren und einleiten.

Beobachtungen im Alltag

1. Wirkt Ihr Kind zu Hause im Alltag ausgeglichen?

1	2	3	4	5	6	7	8	9	10
nie									**immer**

2. Lacht / lächelt Ihr Kind auch ohne Anlass (also z. B. auch ohne, dass Witze erzählt, ein Film geschaut oder ein Comic gelesen werden)

1	2	3	4	5	6	7	8	9	10
nie									**immer**

3. Wirkt Ihr Kind heiter oder bedrückt?

1	2	3	4	5	6	7	8	9	10
bedrückt									**heiter**

4. Erzählt Ihnen Ihr Kind über seine Erlebnisse und Wünsche?

1	2	3	4	5	6	7	8	9	10
nie									**immer**

5. Hat Ihr Kind eine beste Freundin / einen besten Freund, der oder dem es sich anvertraut?

☐ Ja ☐ Nein ☐ Weiß nicht

6. Hat Ihr Kind Kontakte zu Gleichaltrigen? Wie viele Freunde hat es?

0	1	2	3	4	5	6	7	8	9	10+

7. Wirkt Ihr Kind in Bezug auf Schule und Lernen motiviert (z. B. macht es gern und freiwillig Hausaufgaben, oder muss es ständig dazu angehalten werden)?

1	2	3	4	5	6	7	8	9	10
nie									**immer**

Verhalten vor Tests, Präsentationen, Klausuren

Beobachten Sie Ihr Kind zu Hause kurz vor einem der genannten Ereignisse genauer und beantworten Sie die Fragen 1, 2, 3, 4 und 7 noch einmal. Verändert sich etwas? Was genau?

Beobachten Sie, ob kurz vor einer wichtigen Leistungskontrolle folgende Stressreaktionen bzw. körperliche Symptome auftreten:

Unruhe

ein wenig/schwach — immer/sehr stark

Schlafstörungen

ein wenig/schwach — immer/sehr stark

Häufiger Toilettengang

ein wenig/schwach — immer/sehr stark

Zittern der Hände

ein wenig/schwach — immer/sehr stark

Schweißausbrüche

ein wenig/schwach — immer/sehr stark

Magenschmerzen

ein wenig/schwach — immer/sehr stark

Herzrasen / Herzschmerzen

ein wenig/schwach — immer/sehr stark

Kopfschmerzen

ein wenig/schwach ______ immer/sehr stark

Schnelles Weinen

ein wenig/schwach ______ immer/sehr stark

Unbeherrschtheit / Aggression

ein wenig/schwach ______ immer/sehr stark

Traurigkeit

ein wenig/schwach ______ immer/sehr stark

Einsilbigkeit bis zum vollkommenen Schweigen

ein wenig/schwach ______ immer/sehr stark

Nägelkauen

ein wenig/schwach ______ immer/sehr stark

Trödeln vor der Schule

ein wenig/schwach ______ immer/sehr stark

Weitere Beobachtungen

______

______

______

Sind diese Symptome nach dem Test wieder verschwunden?

☐ Ja ☐ Nein

Bei welchen Tests / Leistungskontrollen zeigt der Schüler diese Symptome?

☐ Bei allen Leistungskontrollen, in allen Fächern und bei allen Lehrern
☐ Nur in folgenden Fächern:

______

______

☐ Nur bei folgenden Lehrern:

____

____

Zeigt Ihr Kind die Reaktionen während der gesamten Schulzeit?

☐ Ja ☐ Nein

Verschwinden die Symptome in der Ferienzeit?

☐ Ja ☐ Nein

Auswertung

Treten die ermittelten Symptome nur im Zusammenhang mit Leistungskontrollen oder Referaten auf, handelt es sich mit hoher Wahrscheinlichkeit um eine Lernblockade oder Prüfungsangst. Die Eltern sollten mit dem Kind sprechen und herausfinden,

- in welchen Fächern die Lernblockaden oder Ängste auftreten,
- ob das Kind sich vor einem speziellen Lehrer fürchtet,
- ob das Kind die Ängste auf alle Tests generalisiert.

Generalisierte Ängste sollten professionell bearbeitet werden. Bei Problemen in einem bestimmten Fach oder mit einem bestimmten Lehrer raten Sie den Eltern zu einem individuellen Gespräch, entweder mit Ihnen oder mit dem betreffenden Kollegen. In diesem Gespräch sollten beide Seiten darauf achten, dass es lösungsorientiert geführt wird. Schuldzuweisungen wie „Sie können mein Kind nicht leiden" oder „Ihre Tochter ist doch nur zu faul zum Lernen …" enthalten keinerlei Lösungspotenzial, sondern vertiefen das Problem. Außerdem sollte das Kind einbezogen werden mit der Fragestellung: „Was muss sich ändern, damit du den Test angstfrei absolvieren kannst?"

Eltern von Kindern mit Schulangst sollten Sie darin unterstützen, ihre Ansprüche an Ihr Kind zu hinterfragen. Geben Sie ihnen folgende Fragen zur Selbstreflexion an die Hand:

- Haben wir die richtige Schulform für unser Kind gewählt?
- Was für Leistungen erwarten wir von unserem Kind? Hier sollen auch die unausgesprochenen Erwartungen thematisiert werden.
- Wie reagieren wir, wenn das Kind die Erwartungen nicht erfüllt? Was sagen wir? Was zeigen wir körpersprachlich? Wie ist die Stimmung dann zu Hause?
- Wie viel Interesse und Zeit investieren wir für die schulischen Belange unseres Kindes – auch außerhalb von Tests?

Beobachten Eltern die ermittelten Symptome auch in den Ferien, so sollten sie auch außerschulische Belastungen in Erwägung ziehen: Psychische Probleme, auch im Zusammenhang mit pubertären Irritationen, Liebeskummer, Mobbing, Alkohol- oder Drogenkonsum, Spiel- oder Computersucht oder auch Depressionen können eine Rolle spielen. Empfehlen Sie den Eltern dann unbedingt die Begutachtung und Betreuung durch entsprechende Fachleute.

7.1 Hilfen für Schüler mit Lernblockaden und Ängsten

Übung 59 – Worte, die Mut machen

Lesen Sie zum besseren Verständnis der folgenden „magischen Sätze“ im Praxisbuch den Abschnitt: „Hypnotische Sprachmuster fördern das Lernen: Das Milton-Modell“ (Kapitel 4, „Die Macht der Sprache“).

Beispiele für Sätze, die Sie zur Einleitung von Tests und mündlichen Leistungskontrollen nutzen können:

- „Ich bin gespannt, wer sich bei der Lösung von Aufgabe 8 an die letzte Stunde erinnert.“
- „Manchmal hilft es bei der Kreisberechnung, wenn man sich einfach statt eines Kreises eine Pizza vorstellt.“ (Hier wird eine angenehme Erinnerung wachgerufen, wenn zuvor im Matheunterricht der Kreis mithilfe einer Pizza berechnet wurde.)
- „Wenn man langsam tief einatmet, lösen sich Anspannung und Aufregung beim Ausatmen langsam auf.“
- „Erinnere dich an all die Situationen im Leben, in denen du Probleme und Aufgaben mit Freude erledigt hast.“
- „Jeder Schüler hat zu jeder Frage etwas zu sagen. Auch wenn du nicht ganz sicher bist, schreib deine Gedanken auf.“
- „Menschen haben schon die ungewöhnlichsten Lösungen gefunden.“
- „Sei überrascht, wenn dir bei der Lösung einer leichten Aufgabe der Lösungsansatz für die schwierigere Aufgabe einfällt.“
- „Es gibt keine leichten und schweren Aufgaben. Es gibt nur Aufgaben, die mit dir flirten, und solche, die dich herausfordern.“
- „Ich bin gespannt, wer bei Aufgabe 3 die ungewöhnlichste Lösung findet.“
- Schaffen Sie sich einen eigenen Fundus mit hypnotisch-motivierenden Formulierungen, die zu Ihnen und Ihrem Fach passen. Die Kriterien dafür finden Sie im Praxisbuch im Kapitel 4 „Die Macht der Sprache“.

Untersuchen Sie Ihre eigenen typischen, immer wiederkehrenden Formulierungen: Wirken Sie motivierend oder demotivierend? Das menschliche Gehirn denkt in Richtungen. Besonders in Stresssituationen kommt es daher darauf an, dass Sie bewusst zielorientiert und eindeutig sprechen. Die folgenden Beispiele sollen das verdeutlichen:

Statt …	**… formulieren Sie lieber so:**
Sei während des Tests nicht so unkonzentriert.	Konzentriere dich auf die Aufgaben, die du leicht lösen kannst.
Sei bei der Leistungskontrolle nicht oberflächlich.	Lies alles in Ruhe noch einmal durch und schau, ob du noch etwas verbessern kannst.
Vergiss keine Aufgabe.	Kontrolliere, ob du wirklich alle Aufgaben gelöst hast.
So schwer ist das doch gar nicht.	Atme durch, hab ein wenig Geduld und erinnere dich an den Stoff der letzten drei Stunden.
Du musst nicht aufgeregt sein (oder: Es gibt keinen Grund, aufgeregt zu sein).	Atme tief durch und lies die Aufgabe dann genau durch.

Übung 60 – Anwendung von Ankern

1. Malen Sie einen großen Smiley an die Tafel. Ermutigen Sie Ihre Schüler, diesen anzuschauen, wenn sie Angst oder Aufregung spüren (Raumanker).
2. Üben Sie mit Ihren Schülerinnen, wie sie einen eigenen Anker kreieren und diesen immer zur Verfügung haben (siehe Übungen 29 und 30 ab Seite Seite 34).
3. Sprechen Sie im Zusammenhang mit Tests künftig nie mehr von „Problemen", sondern von „Herausforderungen". Das Wort „Problem" ist besonders bei sensiblen Kindern und Jugendlichen (und auch bei Erwachsenen) mit unbewussten Gefühlen wie Angst, Traurigkeit und Ohnmacht verankert. Das Wort „Herausforderung" suggeriert eher Wettkampf, etwas meistern können, sich entwickeln dürfen.
4. Untersuchen Sie das Klassenzimmer bzw. den Raum, in welchem eine Leistungskontrolle durchgeführt werden soll: Platzieren Sie möglichst viele lernfördernde Raumanker. Die Kriterien dafür finden Sie im Praxisbuch im Kapitel 2 „Pawlows Entdeckung nutzen – mit Ankern arbeiten", Abschnitt „Raumanker im Klassenzimmer" (hier im Übungsbuch: Übung 27, Seite 32).

7.2 Erste Hilfe bei Lernblockaden – kleine Übungen zum Stressabbau

Übung 61 – Atemübung

Im Stress neigen Menschen dazu, den Atem anzuhalten oder ganz flach zu atmen. Langsames, tiefes Ein- und Ausatmen versorgt das Gehirn mit Sauerstoff und beruhigt. Machen Sie es sich daher zur Gewohnheit, kurze Atemübungen in den Unterricht einzubauen, vor allem vor Leistungskontrollen.

Übung 62 – Glücksbringer, Talismänner, Kuscheltiere als Anker nutzen

Erlauben, nein: fördern Sie es, dass Schüler ihre Glücksbringer mit in die Schule bringen. Das können Fotos von ihren „Helden", Comics, Kuscheltiere, Steine usw. sein. Damit die Glücksbringer wirken können, muss die Schülerin sie während des Tests in die Hand nehmen dürfen. Sie wirken wie individuelle Anker (siehe Praxisbuch, Kapitel 2 „Pawlows Entdeckung nutzen – mit Ankern arbeiten", Abschnitt 2.4 „Individuelle Anker im Unterricht").

Übung 63 – Eine liegende Acht malen

Die liegende Acht ist eine leicht in jede Unterrichtsstunde zu integrierende Übung. Sie befähigt die Schüler, über eine Körperbewegung die Verbindung der beiden Gehirnhälften zu aktivieren, entspannt die Augen, fördert das Sehen und die Fähigkeit zu lockerem Schreiben, Lese- und Symbolverständnis. Die liegende Acht kann man in die Luft oder auch schwungvoll auf ein großen Blatt Papier malen.

Demonstrieren Sie es vor der Klasse und lassen Sie die Schülerinnen folgen: Zeichnen Sie zuerst mit der linken Hand. Sie beginnen in Höhe der Nasenspitze, wo der Mittelpunkt der 8 gedacht wird, bewegen die Hand dann gegen den Uhrzeigersinn aufwärts zur linken Seite und zeichnen die vollständige liegende Acht in die Luft. Wiederholen Sie das immer weiter, etwa zehnmal, ohne abzusetzen. Dabei sollen die Augen dem Zeichnen folgen, während der Kopf gerade nach vorne gerichtet bleibt und sich nur ganz leicht mitbewegt. Dann wiederholen Sie das Gleiche mit der rechten Hand. Wieder beginnen Sie in Höhe der Nasenspitze mit dem Mittelpunkt der Acht, jetzt aber nach rechts oben – im Uhrzeigersinn usw.

Achten Sie darauf, dass Ihre Schüler bei dieser Übung tief ein- und ausatmen – das steigert die Wirkung. Die liegende Acht sollte zu den mentalen Ressourcen aller Schüler gehören, muss also in ruhigen Zeiten gut trainiert werden. Unter Umständen sehen Sie während der nächsten Klausur lauter liegende Achten, wenn Ihre Schülerinnen sich eigenmotiviert in einen guten Zustand bringen.

Genug trinken

Achten Sie darauf, dass Ihre Schüler genug Flüssigkeit zu sich nehmen, besonders in Stresssituationen wie Leistungstests. Während eines Tests sollte nur stilles Wasser erlaubt sein – dies allerdings in guten Mengen. Doch die Schüler müssen diese Einschränkung auch nachvollziehen können. Erklären Sie ihnen daher – evtl. im Biologieunterricht –, wie viel Zucker in Cola oder Fruchtsaft steckt und welchen Schaden dieser während einer Testsituation anrichten kann: Müdigkeit, Antriebs- und Energielosigkeit, vermehrte Angst, Nervosität, Konzentrationsschwäche und vieles mehr.

Übung 64 – Die Thymusdrüse klopfen

Die Thymusdrüse sitzt ca. 4 Finger breit unterhalb der Halskuhle in der Körpermitte. Sie steuert die gesamte Lebensenergie im Körper. Sie zu klopfen wirkt wie ein Energieschub. Damit sorgen Sie für Gleichgewicht und Harmonie. Sie selbst sollten jeden Morgen unter der Dusche Ihre Thymusdrüse klopfen und dies immer wiederholen, wenn Sie neue Energie brauchen. Ihren Schülern sollten Sie diese Übung zeigen. Sie ist leicht vor jedem Test anwendbar – und immer dann, wenn die Klasse sich lange konzentrieren soll und zwischendurch mal eine Auflockerung brauchen kann.

Durchführung: Ca. 10 bis 15 Sekunden spürbar (es darf ruhig ein wenig wehtun) auf die Thymusdrüse klopfen und dabei darauf achten, wie sich der Energielevel und das Körperbefinden verändern.

Übung 65 – Zungen-Akrobatik ...

... ist nichts Unanständiges, sondern eine weitere Energieübung. Etwa einen halben Zentimeter über den vorderen Schneidezähnen sitzt ein Energiepunkt, der mit der Zunge aktiviert werden kann. Dazu drücken Sie die Zungenspitze einige Minuten gegen diesen Punkt – auch dies wird Ihr Wohlbefinden und das Ihrer Schüler steigern.

Übung 66 – Die Teufelshörnchen klopfen

Etwa einen Finger breit über der Mitte der Augenbrauen können Sie eine kleine Erhebung fühlen – die Stirnbeinhöcker. Viele Mütter nennen sie auch liebevoll „Teufelshörnchen“. Klopfen Sie diese merklich, sodass sich ein ganz leichter Schmerz einstellt. Sie können diese Stelle auch massieren. Diese Übung baut in sehr kurzer Zeit Stress ab. Und es macht Spaß, dies gemeinsam mit den Schülern zu tun – weil es so schön albern aussieht und alle herzlich lachen können.

Das *perspektiven*-Integrationsprogramm

Das folgende Trainingsprogramm soll Sie darin unterstützen, mit Lust zu üben und möglichst rasch spürbare Ergebnisse zu erzielen. Wir haben die 66 Übungen dieses Heftes auf sieben Wochen oder Einheiten verteilt. Darin finden Sie jeweils eine Mischung aus Übungen zur Selbstreflexion, zur Wahrnehmung und Beobachtung Ihrer Schülerinnen und anderer Partner und zur Anwendung Ihrer neuen Kenntnisse in Kommunikation, Klassenzimmer-Management, Selbstorganisation und Intervention.

Mit dem *perspektiven*-Integrationsprogramm als Trainingsplan üben Sie mit aufsteigendem Anspruch. Am Ende der siebten Einheit haben Sie alle Übungen absolviert und Ihr neues Wissen bereits Schritt für Schritt in die Praxis umgesetzt. Doch zuvor sollten Sie unser „NLP-Praxisbuch für Lehrer" vollständig lesen, um die den Übungen zugrundeliegenden Theorien, Modelle und Ideen gut zu verstehen und einordnen zu können. Während der Übungen können Sie dann immer wieder auf Ihr Praxisbuch zurückgreifen und Ihre neuen Kenntnisse noch einmal vertiefen und auffrischen.

Betrachten Sie die sieben Wochen bitte nur als unseren Vorschlag. Wir meinen, dass der Stoff in dieser Zeit gut bearbeitet werden kann. Vielleicht brauchen Sie nur sieben Tage, vielleicht 70 Tage – vielleicht auch einen ganz anderen Zeitrahmen. Sie können gern das Wort „Woche" durch „Einheit" ersetzen.

Doch für welches Zeitfenster auch immer Sie sich entscheiden – planen Sie Ihr Vorhaben gut und halten Sie Ihren Plan ein! Denken Sie dabei an all die begrenzenden Glaubenssätze und inneren Dialoge, die plötzlich auftauchen können, wenn der Weg zu wirklicher Veränderung mal holprig wird: „Heut' nicht, viel zu schwierig!", „Mach's doch einfach wie immer!", „Du weißt doch gar nicht, ob es was nützt!", „Fang lieber erst morgen an!", „Etwas Neues lernen? Du bist doch Lehrer, für dich ist das Lernen vorbei!"

Wenn Sie darauf hören, fühlt sich das nur kurz gut an. Es könnte das Ende Ihres Lernprozesses sein. Deshalb: Schicken Sie alle inneren Bedenkenträger in den Urlaub und planen Sie Ihre Übungszeit so ein, dass Sie das Programm leicht bewältigen können – und legen Sie los. Es lohnt sich! Viel Freude dabei!

1. Woche	2. Woche	3. Woche	4. Woche	5. Woche	6. Woche	7. Woche
Übung 46 – Selbstcheck: Wie wirken Sie auf Ihre Schülerinnen und Schüler? S. 82	Übung 32 – Eine Motivationsstrategie für mich, S. 40	Übung 56 – Arbeit und Privatleben in Balance, S. 90	Übung 8 – Spiegeln von Bewegung, Gestik und Mimik, S. 21	Übung 47 – Mit vier Fragen die inneren Überzeugungen untersuchen, S. 83	Übung 52 – Wiederkehrende Muster in Konflikten mit Schülern verändern, S. 88	Übung 17 – Rapport herstellen und wieder beenden, S. 25
Übung 49 – Auf dem Persönlichkeitspentagramm Glaubenssätze und ihre Folgen erleben, S. 85	Übung 33 – Eine Motivationsstrategie für eine Schülerin / einen Schüler, S. 41	Übung 50 – Sprache und Gefühle: Ich muss, ich kann, ich will, S. 86	Übung 9 – Spiegeln von Gefühlen, S. 22	Übung 11 – Überkreuz spiegeln, S. 22	Übung 42 – Das IPO-Modell: Nonverbale Signale im Unterricht einsetzen, S. 74	Übung 18 – Dem Redner den Rapport entziehen, S. 26
Übung 1 – Sinnesspezifische Wahrnehmung (W) oder Interpretation (I)? S. 14	Übung 20 – Reinheit einer Ankerstelle, S. 28	Übung 21 – VAKOG⁺-Assoziation, S. 28	Übung 10 – Spiegeln des Atemrhythmus, S. 22	Übung 12 – Spiegeln der Repräsentationssysteme, S. 23	Übung 38 – Eine Botschaft – drei Formulierungen, S. 46	Übung 19 – Rapport bewusst brechen – im Schulalltag, S. 26
Übung 2 – Den eigenen Interpretationen auf der Spur, S. 15	Übung 26 – Belastende Anker identifizieren, S. 32	Übung 22 – Einen klassischen Selbst-Anker setzen, S. 30	Übung 23 – Kleidungsstücke als Anker benutzen, S. 30	Übung 13 – Spiegeln typischer Sprachmuster, S. 23	Übung 28 – Variation zu Übung 27: Anker an Ihrem Arbeitsplatz zu Hause, S. 34	Übung 29 – Der Zauberstein: Ein Anker für die Kleineren (bis 12 Jahre), S. 34
Übung 3 – Sich kalibrieren im Alltag, S. 17	Übung 4 – Sich kalibrieren auf die Schüler in der Hofpause, S. 18	Übung 7 – Sich kalibrieren: „JA"- oder „NEIN"-Physiognomie lesen können, S. 20	Übung 48 – Mit einem Ressource-Anker einen neuen Glaubenssatz kreieren, S. 84	Übung 27 – Mit den „Drei Positionen" das Klassenzimmer gestalten, S. 32	Übung 25 – Ein Krafttier als Anker nutzen, S. 31	Übung 30 – Der magische Kreis: Ein Anker für Jugendliche (ab 13), S. 36
Übung 51 – Einen „Als-ob-Rahmen" kreieren: Es ist schon wahr – jetzt! S. 87	Übung 5 – Sich kalibrieren auf die Klasse im Unterricht, S. 19	Übung 6 – Destruktiver Rapport: Eine Schlägerei voraussehen, S. 19	Übung 37 – Optimierung Ihrer Sprechwirkung: Schneller Wechsel in andere Repräsentationssysteme, S. 45	Übung 24 – Schmuckstücke als Anker benutzen, S. 31	Übung 14 – Beziehungsqualität zwischen Lehrer und Schülern ermitteln, S. 23	Übung 43 – Konflikte entschärfen mit dem IPO-Modell, S. 77

1. Woche	2. Woche	3. Woche	4. Woche	5. Woche	6. Woche	7. Woche
Übung 57 – Beobachtungsbogen für den Unterricht (Lehrer beobachtet den Schüler), S. 94	Übung 35 – Ermitteln des individuellen Repräsentationssystems der Sprache, S. 44	Übung 31 – Fragebogen zur Ermittlung der Metaprogramme zur Motivation, S. 37	Übung 44 – Was die Augen uns erzählen – Vorübung, S. 79	Übung 39 – Bestimmen des Repräsentationssystems und Übersetzen in ein anderes, S. 47	Übung 15 – Qualität der Beziehungen unter den Schülern ermitteln, S. 24	Übung 53 – Verhalten umdeuten: Das Reframing, S. 89
Übung 58 – Leitfaden für das Elterngespräch, S. 96	Übung 61 – Atemübung, S. 101	Übung 36 – Sinnesspezifisch sprechen, S. 45	Übung 59 – Worte, die Mut machen, S. 100	Übung 45 – Augenbewegungen bei Schülern lesen, S. 80	Übung 16 – Rapport bei Störungen anwenden, S. 25	Übung 54 – Verhalten umdeuten: Die Suche nach der positiven Absicht, S. 89
Übung 34 – Freude schenken nach dem Glücksprinzip, S. 41	Übung 62 – Glücksbringer, Talismänner, Kuscheltiere als Anker nutzen, S. 101		Übung 63 – Eine liegende Acht malen, S. 101	Übung 60 – Anwendung von Ankern, S. 101	Übung 65 – Zungen-Akrobatik, S. 102	Übung 55 – Verhalten umdeuten: Die Suche nach neuen Wahlmöglichkeiten, S. 90
Übung 40 – Die richtigen Fragen stellen, S. 48				Übung 64 – Die Thymusdrüse klopfen, S. 102		Übung 66 – Die Teufelshörnchen klopfen, S. 102
Begleitend und zwischendurch immer mal wieder: Übung 41 – Metamodell-Übungskarten, S. 51						

Zum Schluss

Im „NLP-Praxisbuch für Lehrer“ und in diesem Begleitheft haben wir Sie angeregt, auf die Art zu achten, wie Sie denken: Über sich selbst, über Ihre Schülerinnen, über das System Schule, über Ihre Kommunikation und die Beziehungsgestaltung im Klassenzimmer.

Wenn Schule für alle zu einem freundlichen Ort wird, dann fühlen sich Schülerinnen und Schüler, Lehrerinnen und Lehrer mit Leidenschaft hingezogen. Und nach den vielen Jahren des Lernens und der Vorbereitung entlassen Sie starke, glückliche und lebenskluge Persönlichkeiten aus Ihrer Obhut. Groß gewordene Menschen, die sich in Richtung Freiheit und Glück bewegen, nicht in Richtung Furcht und Unterordnung. Und die sich gewiss daran erinnern, welche Ressourcen *SIE*, liebe Leserin, lieber Leser, ihnen mit auf den Weg gegeben haben.

Damit wird Schule zum geistigen Nährboden für eine bessere Welt.

Wir hoffen, Sie irgendwann persönlich kennen zu lernen, zum Beispiel in einem Seminar oder Workshop zur Vertiefung der Themen dieses Buches. In der Zwischenzeit können wir online in Kontakt treten: Schreiben Sie uns, wie Sie Ihren Veränderungsprozess gestaltet haben, welche Reaktionen und Ergebnisse Sie erzielt haben, und stellen Sie uns auch Ihre Fragen, wenn Sie an dem einen oder anderen Punkt nicht so recht weiter wissen. Dafür stellen wir auf unserer Homepage zum Buch einen Blog online zur Verfügung (siehe nächste Seite).

Herzliche Grüße

Ihre

Petra & Ralf Dannemeyer

Notizen